¡Arréglatelas!

M.A. Zollo

Head of Languages Faculty, Highfields School, Wolverhampton

Illustrated by Rebecca Campbell-Grey

Hodder & Stoughton

LONDON SYDNEY AUCKLAND TORONTO

British Library Cataloguing in Publication Data

Zollo, M.A.
 ¡Arréglatelas!
 1. Spanish language – Readers
 I. Title
 468.6'421 PC4117

ISBN 0 7131 8273 3

First published 1986
Fourth impression 1991

© 1986 M.A. Zollo

All rights reserved. No part of this publication may be reproduced or transmitted in any form or by any means, electronic or mechanical, including photocopy, recording, or any information storage and retrieval system, without permission in writing from the publisher or under licence from the Copyright Licensing Agency Limited. Further details of such licences (for reprographic reproduction) may be obtained from the Copyright Licensing Agency Limited, of 33–34 Alfred Place, London WC1E 7DP.

Printed in Great Britain for the educational publishing division of Hoddder and Stoughton Ltd, Mill Road, Dunton Green, Sevenoaks, Kent by Thomson Litho Ltd, East Kilbride, Scotland.

Preface

Arréglatelas! is designed as a vocabulary practice book covering a variety of survival topics of immediate practical relevance, all of which are central to first-level examinations, particularly the GCSE. Each unit is self-contained, but the whole is given unity by the storyline of two young Columbians visiting their Spanish cousins in Granada.

Each unit is designed to offer practice in the greatest possible variety of language structures and vocabulary for each topic. The dialogues could easily be used for listening comprehension with the teacher and/or the pupils taking the parts, the rest of the class with books closed, or for reading comprehension, with the questions provided. Other exercises include rôle-playing, matching pairs, language games and questions in Spanish to give practice in manipulating the language and building sentences. Much material has been based on realia and is designed to exploit the language structures and grammar as fully as possible.

This material is the result of many years of language teaching, and of several years of setting and marking a C.S.E. examination which is very much in the communicative, authentic mould. Much of the realia was collected on a stay in Granada, and the text was inspired by experience of life there both as an English Assistant and during several subsequent visits.

It is to be hoped that pupils of all levels of ability will find plenty which is both interesting and useful in this book; most will probably use it to supplement a main coursebook, though some teachers may find it possible to use this as their main teaching resource for a period of study.

I should like to thank Angel Garcia Vaquero for meticulously checking the draft manuscript; Araceli Segura Suárez for checking the final manuscript and my colleague Angela Learmonth for assistance in checking the proofs. My thanks are also due to my pupil, Linda Rogers, whose photographs inspired some of the drawings of Granada landmarks, and to my family, who had to aid and abet my research during an otherwise very enjoyable holiday in our 'patria chica'.

M.A. Zollo

Acknowledgements

The author and publishers would like to thank the following for permission to reproduce copyright material and photographs:

Linda Rogers (p 6); IBERIA (p 8); *El País* (pp 11, 47); RENFE (p 17); *Diario de Granada* (p 19); David Simson (pp 21, 27 left, 29, 30, 36, 37, 39, 62); Spanish National Tourist Office (pp 9, 43, 52, 56, 57). All other photographs were provided by the author.

We would also like to thank the staff of the Spanish National Tourist Office for providing Spanish handwriting for the letters.

Contents

		Page
1	Los datos personales	4
2	La casa y la ciudad	8
3	En el instituto	12
4	De viaje	16
5	En casa	20
6	En la calle	24
7	En el café-bar	28
8	En el restaurante	32
9	En las tiendas	36
10	En la Oficina de Información y Turismo	40
11	¿Qué tiempo hace?	44
12	Un viaje en coche	48
13	En el camping	52
14	En el hotel	56
15	¡No me siento muy bien!	60
	Adios	63

1
Los datos personales

José y Ana son colombianos, pero tienen familia en España. Pronto van a visitar a sus primos españoles en Granada. Por eso, José escribe una carta a Manolo y a Conchita.

Bogotá

3 de marzo

Querido Manolo:

¿Qué tal? Y, ¿Conchita?

Soy tu primo colombiano. Me llamo José, y tengo diecinueve años. Mi cumpleaños es el 9 de enero. Mi hermana, Ana, tiene diecisiete años, y su cumpleaños es el 28 de octubre. Como ya sabes, vivimos en Bogotá, pero nuestro padre es natural de Granada.

Te mando una foto mía. Como ves, soy bastante alto y moreno, y tengo los ojos verdes. Ana también es alta y morena, pero tiene los ojos azules.

De todas formas, nos veremos todos en julio en Granada.

Escribe pronto, un abrazo

José

A. Read José's letter and answer the following questions.
1. How old is José?
2. When is his birthday?
3. How much older is he than Ana?
4. Where do they live?
5. How are they related to Manolo?
6. Where is José's father from?
7. Describe José.
8. Describe Ana.
9. When will they all meet?
10. Where will this be?

B. Write a letter to an imaginary friend in Spain, answering the following questions.
1. ¿Cómo te llamas?
2. ¿Eres inglés?
3. ¿Cuántos años tienes?
4. ¿Cuándo es tu cumpleaños?
5. ¿Cómo eres, alto o bajo?
6. ¿Tienes ojos azules?
7. ¿Tienes hermanos?
8. ¿Cómo son?
9. ¿Son altos o bajos?
10. ¿Dónde vives?

Vocabulario

colombiano	Columbian
el primo	cousin
el cumpleaños	birthday
natural de	born in
mandar	to send to
la foto	photo
bastante	quite
moreno	dark
también	also
de todas formas	anyway

C. Write a letter from Ana to Conchita, using the details in José's letter.

Granada
15 de marzo

Querida Ana

Manolo y yo recibimos vuestra carta el jueves pasado. Como José, tengo diecinueve años, y Manolo tiene dieciséis. En la foto que te mando, ves que soy rubia y bastante baja. Tengo el pelo largo. Soy estudiante en la Universidad, y Manolo estudia Bachillerato en el instituto.

Me gusta bailar y dar paseos por el campo, pero Manolo es perezoso: ¡sólo le gusta ver la tele!

Nuestro piso es muy grande, y mamá cocina muy bien.

Escribid pronto para decirnos la fecha de vuestra llegada y los detalles del viaje.

Un abrazo,

Conchita

Vocabulario

recibir	to receive
vuestro	your (pl)
rubio	fair, blond
el pelo	hair
el estudiante	student
el instituto	school
me gusta	I like
bailar	to dance
dar un paseo	to go for a walk
perezoso	lazy
el piso	flat
cocinar	to cook
nuestro	our
la fecha	date
la llegada	arrival
los detalles	details
el viaje	journey

D. Answer these questions about Conchita's letter.
1. ¿Cómo es Conchita?
2. ¿Tiene el pelo corto?
3. ¿Dónde estudia Conchi?
4. ¿Dónde estudia Manolo?
5. ¿Qué le gusta a Conchita?
6. Y, ¿a Manolo?
7. ¿Cómo es el piso?
8. ¿Cómo cocina la madre de Conchi?

E. In Spanish, describe Manolo's friends, Pablo and Pilar:

Diálogo 1
Conchita is meeting Manolo's friends for the first time.
Pablo   Hola. Me llamo Pablo.
Conchi   Hola, soy Conchita.
Pablo   Tengo dieciocho años. ¿Y tú?
Conchi   Tengo diecinueve. ¿Tienes hermanos?
Pablo   Sólo tengo una hermana. Se llama Pilar.
Conchi   ¿Cuántos años tiene?
Pablo   Tiene diecinueve.

"La casita que tienen los tíos en Sierra Nevada"

Diálogo 2
José   Mira, Ana, una carta de Manolo.
Ana   ¿Cuántos años tiene?
José   Dieciocho.
Ana   ¿Cómo es el piso de los tíos?
José   Es grande. Tiene cuatro dormitorios. Está en el centro de Granada. Y tienen una casita en Sierra Nevada.
Ana   ¡Madre mía! ¡Son ricos!

Vocabulario

hermanos	brothers and sisters
el dormitorio	bedroom
la casita	cottage
rico	rich
¡Madre mía!	Good heavens!
oye	hey, listen
preferir	to prefer
hacer esquí	to ski
leer	to read
la novela	novel
por eso	for that reason
gordo	fat

Diálogo 3
Pilar   Oye, Conchi, ¿qué te gusta hacer?
Conchi   Bailar, dar paseos . . .
Pilar   Pues, yo prefiero hacer esquí. También me gusta leer novelas.
Conchi   Y, a Pablo, ¿qué le gusta hacer?
Pilar   Comer todo el día. ¡Por eso está tan gordo!

F. Answer the following questions on the dialogues.
1. How old is Pablo?
2. How old is Conchi?
3. How many brothers and sisters has Pablo got?
4. How old is Manolo?
5. What is Manolo's parents' flat like?
6. Where is it?
7. What makes Ana think that they are well off?
8. What does Conchi like to do?
9. What are Pilar's hobbies?
10. What about Pablo?

G. Answer these questions in Spanish.
1. ¿Cuántos hermanos tienes? ¿Y hermanas?
2. ¿Cómo se llaman, y cuántos años tienen?
3. ¿Cómo es tu casa, y cuántos dormitorios tiene?
4. ¿Qué te gusta hacer?
5. ¿Cómo eres?

H. Practise the above dialogues with a friend, and then make up your own, based on you and your family, or on your favourite singer or film-star.

El Documento Nacional de Identidad

Como todos los españoles, Manolo y Conchi tienen un Documento Nacional de Identidad. En el documento que se reproduce aquí, se ven los datos personales de un amigo que vive en Bilbao.

I.
1. ¿Cómo se llama este señor?
2. ¿Dónde vive?
3. ¿Dónde nació?
4. ¿En qué año nació?
5. ¿Cuándo es su cumpleaños?
6. ¿Qué trabajo hace?
7. ¿Cómo se llama su padre?
8. ¿Y su madre?
9. ¿Cómo es este señor, moreno o rubio?
10. ¿Es guapo o feo?

J. Can you use the information on the card to write a brief description in Spanish of this person?

K. When you have worked out from the vocabulary what each item of information is, make your own Identity Card with the same headings and giving the same details about yourself. Many of these details are required on any Spanish official form. Do the same for Conchi, Manolo, Pablo and Pilar.

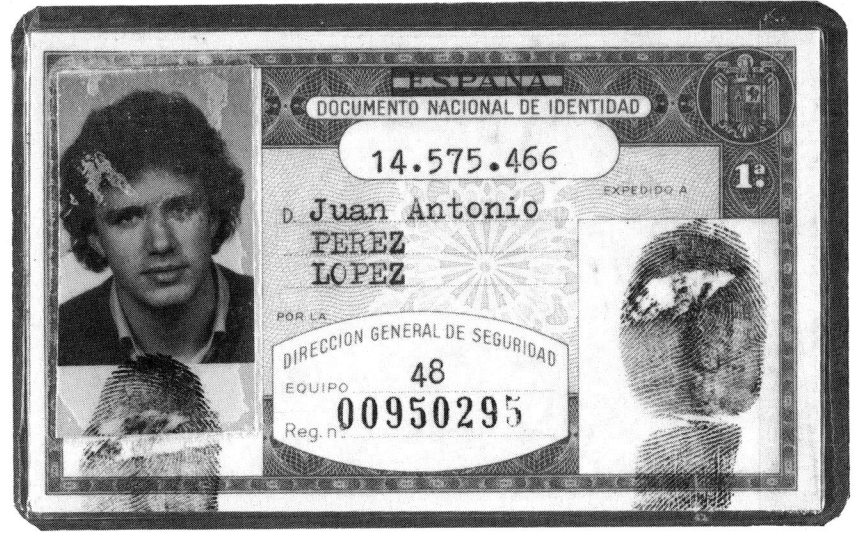

Vocabulario

nació en	born in (i.e. place of birth)
prov. = provincia	province
E. civil	whether married or single
S. = soltero	bachelor
Prof. = profesión	profession
domic. en = domiciliado en	resident at
Expedido en	issued at
caduca	expires
Grupo sanguíneo	blood group
Firma del titular	signature of bearer

2
La casa y la ciudad

Ana escribe a sus tíos para decirles los detalles del viaje de Colombia a España. Manolo escribe a sus primos con detalles de su casa y de su ciudad.

A. Answer the following questions about Ana's letter.
1. When exactly does Ana's flight take off?
2. At what time will she and José arrive in Spain?
3. What is the name of Madrid airport?
4. What request does Ana make?
5. What does she ask her uncle and aunt to send?

Vocabulario

el vuelo	flight
llegar	to arrive
el aeropuerto	airport
siguiente	following
algo	something
pronto	soon
el plano	plan, map
la ciudad	city
mostrar	to show
vivir	to live

Bogotá
29 de marzo

Queridos tíos:

Por fin tenemos los detalles de nuestro viaje. El vuelo es a las cinco y cuarto de la tarde, el día dos de julio. Llegaremos al aeropuerto de Madrid-Barajas a las once y cuarto de la mañana siguiente, vuelo IB 490.

Queremos saber algo de su casa y de Granada. Por favor, escríbannos pronto y, si es posible, mándennos un plano de la ciudad para mostrarnos dónde viven.

Un abrazo.

Granada
10 de abril

Queridos Ana y José,
¡Qué bien! Nos veremos en menos de tres meses! Conchi y yo iremos a Madrid en tren a buscaros el tres de Julio.
Nuestra casa está en el sexto piso de un edificio bastante viejo en el mismo centro de Granada. Tiene cuatro dormitorios: el de mis padres, el de Conchi, el mío, que es muy grande, y uno más. Así Ana tendrá un dormitorio para ella sola, y tú, José, dormirás en mi dormitorio. Tenemos dos cuartos de baño, la cocina, el comedor y un cuarto de estar muy bonito: tiene una terraza con vistas a Sierra Nevada.
Granada es una ciudad preciosa: tiene muchos edificios antiguos — la catedral, la Cartuja, y, naturalmente, los palacios árabes de la Alhambra y del Generalife. Además, está el Sacromonte, el Albaicín y la Sierra Nevada que está muy cerca.
Tenemos varias discotecas y cines, y varios sitios donde se puede practicar deportes. Os mando un plano del piso y otro de Granada. Ya tenemos muchas ganas de conoceros...
Un abrazo,
Manolo

B. Answer the following questions about Manolo's letter.
1. What will Conchi and Manolo do on July 3rd?
2. Where exactly is their flat?
3. Detail the number of rooms in the flat.
4. What are the attractions of Granada?
5. What are the facilities for entertainment?

a ¿Cómo irán Conchi y Manolo a Madrid?
b ¿Dónde está su piso?
c ¿Cuántas habitaciones tiene en total?
d ¿Adónde pueden ir los jóvenes de Granada por la tarde?
e ¿Te gustaría ir a Granada?

C. Imagine a relative of yours is coming from Mexico to stay with you. Write a letter in Spanish describing your house and your home town.

D. Find out all you can about Granada.

Vocabulario

dentro de	in ... time
buscar	to look for, fetch
sexto	sixth
el piso	flat, floor
el edificio	building
el cuarto de baño	bathroom
la cocina	kitchen
el comedor	dining-room
el cuarto de estar	lounge
bonito	pretty
la terraza	balcony
con vista a	with a view of
precioso	pretty
antiguo	ancient
la catedral	cathedral
el palacio	palace
árabe	Arabian
la discoteca	discotheque
el cine	cinema
practicar	to practise
los deportes	sports
tener ganas de	to look foward to, to feel like
conocer	to get to know, to know (person)

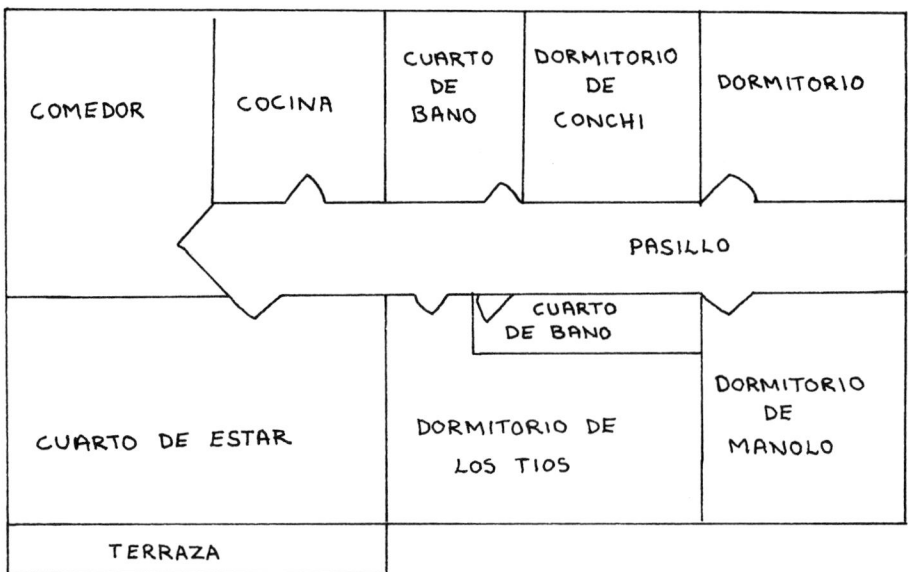

E. Study the plan of Manolo's flat, then draw a plan of your own house (a plan for each floor), labelling each room in Spanish.

F. Study the plan of Manolo's flat again, and read this description he wrote on the back:

Entrando por la puerta principal, mi dormitorio está a la izquierda. Enfrente hay un dormitorio libre. Después, a la derecha, está el dormitorio de Conchi y el cuarto de baño. A la izquierda está el dormitorio de mis padres. Al lado del dormitorio está el cuarto de estar. Al final del pasillo está el comedor. Entre el comedor y el cuarto de baño, está la cocina.

Now answer these questions, imagining that you are standing in the doorway of the flat.
1 ¿Dónde está la cocina?
2 ¿Dónde está el cuarto de estar?
3 ¿Dónde está el comedor?
4 ¿Dónde está el dormitorio de Manolo?
5 ¿Dónde está la terraza?
6 ¿Qué hay entre el dormitorio de Conchi y la cocina?

This time, you are in the kitchen. Answer these questions using *al lado de* and *enfrente*.
7 ¿Dónde está el cuarto de estar?
8 ¿Dónde está el comedor?

Diálogo 1
Conchi Oye, Pilar, ¿sabes que pronto llegan nuestros primos de Colombia?
Pilar ¡No me digas! ¿Cómo se llaman?
Conchi José y Ana. Son más o menos de nuestra edad.
Pilar ¡Qué bien! Pero, ¿tenéis sitio en casa para todos?
Conchi Claro. Nuestro piso es muy grande.
Pilar ¿Cuántos dormitorios tiene?
Conchi Cuatro. Ana ocupará el dormitorio vacío, y José dormirá en el dormitorio de Manolo. Hay dos camas y un armario muy grande.
Pilar Y ¿qué pasará por la mañana si todos queréis entrar al cuarto de baño al mismo tiempo?
Conchi No te preocupes. ¡Tenemos dos cuartos de baño!
Pilar Pues en nuestra casa, ¡Pablo suele estar por lo menos media hora en el cuarto de baño . . .!

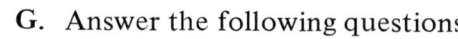

Vocabulario	
pronto	soon
¡no me digas!	really?
más o menos	more or less
edad	age
¡qué bien!	how nice!
sitio	room
claro	of course
vacío	empty
la cama	bed
el armario	wardrobe
¡no te preocupes!	don't worry
suele	he usually . . .
por lo menos	at least

G. Answer the following questions.
1 ¿De dónde son Ana y José?
2 ¿Por qué dice Conchi que hay sitio para todos?
3 ¿Dónde dormirán Ana y José?
4 ¿Qué muebles hay en el dormitorio de Manolo?
5 What problem does Pilar think they may have in the mornings?
6 Why will this, in fact, not be a problem?

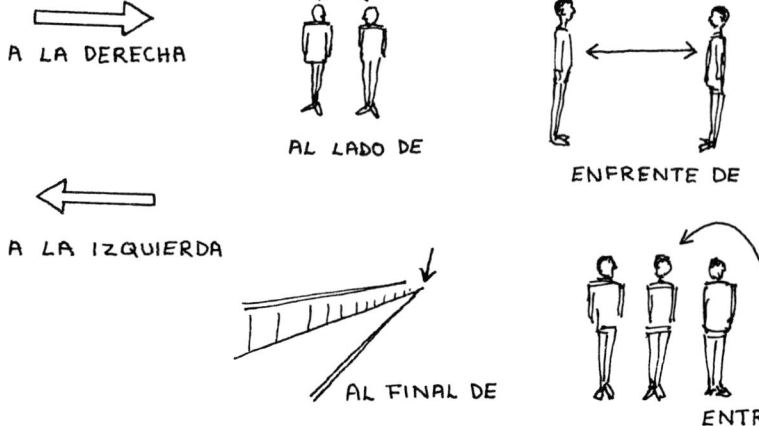

Diálogo 2

Pablo y Manolo van a ver el fútbol en la televisión.

Manolo Hola Pablo. Pasa. La tele está en el cuarto de estar, por ahí.
Pablo Muy bien. Hola, Conchita. ¿Qué tal?
Conchi Bien, pero estoy estudiando.
Manolo Pablo, siéntate en el sofá. Es muy cómodo.
Pablo No, prefiero esta butaca.
Conchi ¿Vais a ver la televisión? Manolo, ¿no ves que tengo muchos deberes?
Manolo ¿Por qué no vas al comedor? Allí, está la mesa, y las sillas son muy cómodas.
Conchi ¡Qué egoísta eres! Me voy. No me gusta nada el fútbol, y no me gustan los chicos vagos como vosotros.

Vocabulario

pasa	come in
estudiar	to study
el sofá	sofa
cómodo	comfortable
la butaca	armchair
los deberes	homework
la mesa	table
la silla	chair
egoísta	selfish
vago	lazy
vosotros	you *(pl)*

H. Answer the following questions on Diálogo 2.
1. ¿Qué van a hacer los chicos?
2. ¿Dónde está la televisión?
3. ¿Qué está haciendo Conchi?
4. ¿Cómo es el sofá?
5. ¿Dónde se sienta Pablo?
6. ¿Qué hay en el comedor?
7. ¿Cómo es Manolo, según Conchi?
8. ¿Adónde va Conchi?
9. ¿Le gusta el fútbol a Conchi?
10. ¿Cómo son los dos chicos?

I. Here are some questions about your house. When you have practised answering them, you could put them to your neighbour in class, and perhaps make up some more...
1. ¿Cómo es tu casa/piso?
2. ¿Cuántos dormitorios tiene?
3. ¿Cuántas habitaciones tiene en total?
4. ¿Cómo es tu dormitorio?
5. ¿Dónde está la cocina?
6. ¿Dónde está tu dormitorio?
7. ¿Dónde está el cuarto de baño?
8. ¿Dónde está el comedor?
9. ¿Dónde está la mesa?
10. ¿Dónde están las sillas?

J. Here are some advertisements for flats, such as you might see in any Spanish or Latin American newspaper. See if you can understand enough from them to answer the questions below.
1. How many rooms are there in the flats for sale at Majadahonda?
2. What other facilities are available on the site?
3. When might you be able to get more details, and where?
4. What is special about the siting of the flats in the 'El Centro' building?
5. How many bedrooms do they have?
6. At 'El Sauce', what sort of house is for sale?
7. Give details of the rooms in this house.
8. Where might the new owner park his or her car?
9. What details can you give about the type of building at Zona 5, and its exact position?
10. List the rooms available in the house for sale at Q.45,000,000.
    (Q = Quetzals – currency in Guatemala)

MAJADAHONDA
Los Corzos, 2ª Fase Doctor Marañón, 49, pisos de protección oficial, 3 dormitorios, 2 baños, gran salón comedor, garaje, trastero, jardín y piscina. Entrada, 400.000. Entrega llaves noviembre y diciembre. Información en obra sábados y domingos.
☎ 638 33 00. Laborables,
☎ 458 09 12.

ZONA 1: Edificio "EL CENTRO", vendo 2 apartamentos con espectacular vista al centro citadino, con 1 y 2 dormitorios, sala, comedor, uno con garaje para un vehículo, ambos con área de servicio, cocina, TELEFONO, Q.55,000/22,000.00. Sr. RIOS: 81,445 - 516066 - 535605 - 511567.

ZONA 2: "EL SAUCE", vendo chalet de 2 niveles, 4 dormitorios, sala-comedor, cocina equipada, rejas, TELEFONO, depósito de agua, carport, es muy atractivo. Sr. RIOS: 81,445 - 516066 - 535605 - 511567.

ZONA 5: Colonia 20 DE OCTUBRE, casa de paredes de ladrillo y techo de lámina, de esquina, 4 habitaciones, patio servicio, Q.20,000.00. TAMBIEN EN 4a. calle "A" 2a. Av., ZONA 1, casa de 3 dormitorios, sala-comedor, cocina, TELEFONO, garaje, servicios, Q.45,000.00. Sr. RIOS: 81,445 - 516066 - 535605 - 511567.

Vocabulario

el trastero	storage room
la piscina	swimming pool
entregar	to hand over
la llave	key
citadino	city *adj*
ambos	both
el nivel	level
la reja	grille (over a window)
el ladrillo	brick
la pared	wall
el techo de lamina	corrugated iron roof
de esquina	on a corner

3
En el instituto

> Granada
> 18 de Mayo
>
> Querido José,
> ¿Qué tal estáis, tú y Ana? Nosotros bien, aunque ya empiezo a ponerme nervioso por las evaluaciones que voy a tener dentro de unas semanas. Estudio 3º de BUP, es decir el último curso del Bachillerato.
> Quiero hacer COU, y por eso necesito sacar buenas notas. En mi instituto, que se llama Instituto Padre Suárez, estudio muchas asignaturas, y a veces me mareo con tanto trabajo. Prefiero ver la televisión o salir por ahí con mis amigotes. Pero, en fin, quiero hacerme abogado, o algo así, y tengo que estudiar...
> Quizás podré llevarte a ver mi instituto en julio, aunque ya serán las vacaciones. Te mando una copia de mi horario, en el que verás las asignaturas que estudio... ¡Qué horror!
> Bueno basta por ahora.
> Hasta pronto
> Manolo

BUP = Bachillerato Unificado Polivalente — course followed from 13-16.
COU = Curso de Orientación Universitaria — one year after BUP to prepare for University.

A. Study Manolo's letter, then answer the following questions.
1 Why is Manolo getting nervous?
2 Why does he need to do well?
3 What makes him feel dizzy?
4 How does he like to spend his time?
5 Why does he need to study?
6 What does he offer to do in July?

Vocabulario

aunque	although	la asignatura	subjects
empezar	to begin	marearse	to get dizzy
ponerse	to become	tanto	so much
nervioso	nervous	el amigote	mate, chum
evaluaciones	assessment	hacerse	to become
el curso	course, school year	el abogado	lawyer
necesitar	to need	tener que	to have to
sacar (notas)	to get (marks)	quizás	perhaps
las notas	marks	aunque	although
		el horario	timetable

HORARIO					
Hora	lunes	martes	miércoles	jueves	viernes
de 9 a 10	Matemáticas	Historia	Dibujo	Tutor	Trabajos
de 10 a 11	Inglés	Dibujo	Matemáticas	Inglés	Manuales
			RECREO		
de 11.30 a 12.30	Religión	Latín	Inglés	Religión	Español
de 12.30 a 1.30	Geografía	Matemáticas	Historia	Ciencias	Geografía
			ALMUERZO		
de 4 a 5	Filosofía	Español	Educación	Filosofía	Latín
de 5 a 6	Español	Filosofía	Física	Latín	Filosofía

Vocabulario

Matemáticas	Maths
Lengua y Literatura Española	Spanish (Language and Literature)
Latín	Latin
Inglés	English
Filosofía	Philosophy
Religión	Religious Education
Geografía	Geography
Ciencias	Science
Historia	History
Dibujo	Art
Trabajos Manuales	Craft
Educación Física	Physical Education
Deporte	Sport
Recreo	break-time
Almuerzo	lunch-time
Tutor	tutorial period

¡Educación muy física!

B. Look at Manolo's school timetable.
1. When is break time?
2. How long is given for lunch?
3. How many English lessons does he have?
4. What do you notice about the length of lessons?
5. Which subject(s) would you not expect to find on an English timetable?

C. Find the Spanish names for these subjects:
History
Philosophy
Mathematics
Spanish Language
Literature
Latin
French
Art
Science
Now write out your own timetable in Spanish. Ask your teacher if you have any problems.

D. Imagine you are Manolo. Answer these questions in Spanish.
1. ¿Cuántos días de clase tienes?
2. ¿Cuántas horas de Matemáticas tienes?
3. ¿Cuándo tienes deportes?
4. ¿Cuántas horas de clase tienes al día?
5. ¿A qué hora tienes el recreo?
6. ¿Tienes clase por la tarde todos los días?
7. ¿A qué hora vuelves a casa a comer?
8. ¿Qué haces los jueves por la mañana?
9. ¿A qué hora vuelves a casa?
10. ¿Qué día de la semana prefieres?

E. Manolo asks you the following questions about your own school.
1. ¿Qué días tienes Español?
2. ¿Cuándo tienes clase de Matemáticas?
3. Los lunes, ¿a qué hora tienes clase de Inglés?
4. ¿Tienes clase de Biología?
5. ¿Tienes clase de Filosofía?
6. ¿Te gusta la Geografía?
7. ¿Qué prefieres, Latín o Francés?
8. ¿Qué asignaturas te gustan más?
9. ¿Te gusta más la Química o la Física?
10. ¿Qué día de la semana prefieres?

F. You have to interview a Spanish pupil: write down 10 questions to ask him/her about his/her school life. When finished, try them out on a classmate.

Diálogo 1

Jaime   Hola, Manolo. ¿Adónde vas?
Manolo   Tengo clase de Historia. No me gusta nada. Y tú, ¿adónde vas?
Jaime   Tengo Latín. No me gusta, pero la profesora es simpática.
Manolo   Pues mi profesor de Historia no es antipático, pero nos pone muchos deberes.
Jaime   Bueno, tengo que entrar. Adiós.
Manolo   Adiós. Hasta luego.

Diálogo 2

María   Oye, Carmen, ¿tienes los deberes de Física?
Carmen   Sí, pero es un ejercicio muy difícil. No sé hacerlo.
María   ¿A qué hora tenemos Física mañana?
Carmen   A las once y media.
María   Bueno, a la hora del recreo vamos a ver los deberes de Susana . . . Ella sí que sabe hacer los deberes . . . Para ella son muy fáciles.

Vocabulario	
simpático	nice, pleasant
antipático	unpleasant
poner	to give (e.g. homework)
los deberes	homework
tener que	to have to
hasta luego	see you later
el ejercicio	exercise
difícil	difficult
mañana	tomorrow
saber	to know (how to . .)
fácil	easy

G. *Contesta a estas preguntas sobre los Diálogos 1 y 2.*
   a ¿Adónde va Manolo?
   b ¿Y Jaime?
   c ¿Le gusta a Jaime la profesora de Latín? ¿Por qué?
   d ¿Cómo es el profesor de Historia?
   e ¿Qué hace el profesor de Historia?

   1 What is María's problem?
   2 What does Carmen say about it?
   3 When is their next Physics lesson?
   4 What do they plan to do?
   5 How does Susana get on with Physics?

H. Here are some definitions of school subjects. What are they? When finished, make up some to test your friends.
1. la clase en que juego al fútbol o al baloncesto
2. la clase en que estudio mapas
3. la clase en que dibujo
4. la clase en que tengo que hacer problemas
5. la clase en que hablo con mis compañeros en otro idioma

I. Discuss your own timetable and subjects with a classmate. When you have practised this, write your own report on your school life: this could form the basis of a letter to a pen-friend. You should start with simple questions and answers such as:

¿Qué clase tienes a las diez?
— Tengo Matemáticas.
¿Te gustan?
— Sí me gustan.
¿Qué clase tienes a las cuatro?
— Tengo Latín.
¿Te gusta?
— No, no me gusta nada.

J. When you have had enough practice, you could conduct a survey of the opinions of your classmates. Put all your school subjects in a list down the left-hand side of the page, and across the page have columns with the following headings: me gusta, interesante, no me gusta, aburrido, muchos deberes, pocos deberes! Then fill in each space with the number of pupils in the class who fit in each category.

K. *Concentración*
A handbill announcing a pupil protest march against the threat of doing away with the September resit exams:
1. What are the pupils protesting about?
2. What are they going to do?
3. On what day are they going to meet?
4. At what time of day is the demonstration planned?
5. Where are the pupils going to gather?

¡¡ IMPIDAMOS QUE NOS QUITEN LOS EXAMENES DE SEPTIEMBRE !!

CONCENTRACION

MIERCOLES 21
A LAS 12 DEL MEDIODÍA
EN LA PZA. DE ESPAÑA
¡¡ ACUDE !!

Vocabulario	
impedir	to prevent
quitar	to take away
la concentración	mass demonstration
acudir	to gather, attend

4
De viaje

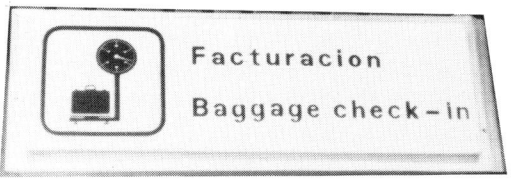

A. Study these signs which you would see at a Spanish airport, then answer the questions.
1. ¿Adónde tienes que llevar las maletas?
2. ¿Dónde tienes que abrir las maletas?
3. ¿Dónde se puede alquilar un coche?
4. Tu amigo va a llegar pronto en un vuelo desde Londres: ¿adónde vas a buscarle?

Por fin llega el día dos de julio, día en que Ana y José van a viajar a España. Salen de casa a las tres de la tarde y llegan al aeropuerto de Bogotá sobre las cuatro menos diez. Se despiden de sus padres, y se presentan en la facturación de Iberia para dejar sus maletas.

Diálogo 1
En el aeropuerto
Empleada   Buenos días, señores. Sus billetes, por favor.
Ana   Aquí tiene, señorita.
Empleada   Muy bien – el vuelo IB 490 para Madrid. Sus maletas, por favor. . . . Ya pueden pasar por la puerta número dieciséis.

Aviso en el avión
Azafata   Buenos días, señoras y señores pasajeros. Les rogamos se abrochen los cinturones y que no fumen. Después de despegar, les serviremos algo de beber, y más tarde la cena.

Diálogo 2
En el aeropuerto de Madrid. Barajas
Policía   Sus pasaportes, por favor. ¿Van a estar mucho tiempo en España?
José   Vamos a pasar dos meses con nuestros tíos en Granada.
Policía   Pues, muy bien. Es una ciudad muy bonita.

Aduanero   ¿Tienen algo que declarar?
Ana   Sólo llevamos unos regalos para nuestros tíos.
Aduanero   Abra esta maleta, por favor. . . . Bueno, está bien. Ya pueden ustedes pasar.

Vocabulario

llevar	to take, carry
la maleta	suitcase
abrir	to open
alquilar	to hire
el coche	car
buscar	to fetch, look for
salir	to leave
salida	departure
los servicios	toilets
la aduana	customs

Vocabulario

sobre (+ time)	at about . . .
despedirse	to say goodbye
presentarse	to go to
la facturación	check-in
dejar	to leave, hand in
la empleada	employee
el aviso	announcement
la azafata	air-hostess
el pasajero	passenger
abrochar	to fasten
los cinturones	safety-belts
fumar	to smoke
despegar	to take off
el regalo	present

B. Answer the following questions on Diálogos 1 and 2.
1. What two things do Ana and José have to do at the check-in desk?
2. Which gate do they have to go through to get to their plane?
3. What two requests does the air-hostess make?
4. When will drinks and supper be served?
5. What does the policeman wish to know?
6. What does Ana tell the customs officer they have to declare?

C. With a classmate, act out Part 1 of Diálogos 1 and 2. Then make up and act out your own versions, changing details such as numbers and places. Try following this pattern, then make up some of your own:
Empleado/a   Sus billetes, por favor.
Tú   Aquí tiene, señor/señorita.
Empleado/a   El vuelo . . . para . . . Sus maletas, por favor. Ya pueden pasar por la puerta número . . . .

Policía   Sus pasaportes, por favor. ¿Van a estar mucho tiempo en . . . ?
Tú   Vamos a pasar . . . días/semanas/meses con . . . en . . . .
Policía   Pues, muy bien. Es un pueblo/una ciudad . . . .

Diálogo 3
Primer encuentro
José   ¡Hola! Soy José . . . Eres Manolo, ¿verdad?
Manolo   Sí, y ésta es mi hermana Conchita.
Ana   Y yo soy Ana. ¿Qué tal?
Conchi   Muy bien, gracias. ¿Y vosotros? ¿Qué tal el viaje?
José   Muy largo, pero, en fin, bastante bueno. Y, ¿qué tal ustedes?
Conchi   ¡Hombre, no hace falta que nos trates de usted!*

	TALGO ✈	EXP. 🛏 2	EXP. 🛏 1	ESTACIONES		TALGO ✈	EXP 🛏		
21	15.00	22.15	23.05	MADRID-Atocha	↑	21.15	8.00		
	16.36	0.35	1.24	Alcazar de San Juan		19.40	5.47		
	18.43	4.08	4.18	Linares-Baeza		17.26	2.48		
	20.29	6.35	6.47	Moreda		15.44	0.25		
	21.30	8.00	8.10 ↓	GRANADA		14.30	23.00		

José   Perdona, pero allá en Colombia utilizamos el ustedes más bien que el vosotros.
Conchi   Ah, pues claro. Bueno, nos espera un taxi . . .
Taxista   ¿Adónde, señorita?
Conchi   A la Estación de Atocha.
Taxista   Muy bien, vamos a poner el equipaje en la maleta.

*The *vosotros* form is virtually unknown in Latin America, the *ustedes* form being used in its place. Hence Conchi's confusion.

Vocabulario

primero	first
el encuentro	meeting
¿qué tal?	how are you?
ustedes	you *pl polite*
vosotros	you *pl familiar*
nos	us
largo	long
bastante	quite, enough
no hace falta	it's not necessary
tratar de	to address, treat as
perdona	excuse me
allá	there
utilizar	to use
más bien que	rather than
claro	of course
esperar	to wait for
la estación	station
el equipaje	luggage
la maleta	suitcase; boot (car)

D. Answer these questions on Diálogo 3.
1. What does Ana ask Conchi?
2. What is Conchi's answer?
3. José makes two comments about their journey: what does he say?
4. How do they get to the railway station?

E. Introduce yourself and your partner to others in the class, using the sort of introduction used in the dialogue. Here are some examples:
Hola! Soy Andrew . . .
Este es John, y ésta es Linda.
Este es mi amigo Paul, y ésta es mi amiga Caroline.

F. Now ask your partner these questions, using *Qué tal . . . ?* (How is/are, what . . . like). He/she should be able to give some simple answers. Again, here are some examples:
¿Qué tal tu hermana?
— Está muy bien.
¿Qué tal tus padres?
— Están muy bien.
¿Qué tal tu madre?
— Es muy simpática.
¿Qué tal tus tíos?
— Son muy ricos.
1. How is your brother? father? uncle?
2. How are your friends? sisters? aunts?
3. What is your brother/house/journey like?
4. What are your friends/records/parents like?

Diálogo 4
En la Estación de Atocha
José   Dos billetes de ida y vuelta para Granada, por favor.
Empleado   ¿Talgo o Expreso?
Manolo   Para el Talgo. ¿A qué hora sale, y de qué andén?
Empleado   A las tres de la tarde, vía número 5.

G. Rôle play. Study Diálogo 4, then use the basic structures to act out the following with a partner:
- a Ask for one return ticket to Lima.
- b *¿Primera clase o segunda clase?*
- a Say you want a second class ticket.
- b *Muy bien. Aquí tiene.*
- a Ask at what time the train leaves.
- b *A las tres en punto.*
- a Ask from which platform.
- b *Andén número 2.*

Here are some expressions you may need:

un billete de ida	a single
vía número . . .	track number . . .
andén número . . .	platform number . . .

Vocabulario

ida y vuelta	return
Talgo	high speed train
Expreso	stopping train
el andén	platform
la tarde	afternoon, evening
la vía	track
casi	almost
la consigna	left-luggage
el Metro	underground (train)
aquí cerca	near here
de acuerdo	agreed, O.K.
vámonos	let's go
hacer cambio	to change (trains)
directo	direct
mismo	same
el precio	price
cualquier	any
el trayecto	journey (trip)

H. Now make up further dialogues with your partner based on the outline above, and changing details such as place, number and type of tickets, times and platform number. Here are some suggestions for other destinations:

Bogotá	Irún
Lima	Buenos Aires
Gijón	Linares
Valencia	La Paz
Guayaquil	San Salvador

Diálogo 5

Manolo Tenemos que esperar casi dos horas. ¿Por qué no dejamos las maletas en consigna? Si queréis, podemos ir a la Puerta del Sol. El Metro está aquí cerca.
Ana De acuerdo. Vámonos.

Conchi Cuatro, por favor.
Empleado Aquí tiene. Ciento veinte pesetas . . . Gracias.
Conchi Para la Puerta del Sol, ¿tenemos que hacer cambio?
Empleado No, señorita, es directo.
Conchi Muchas gracias. Oye, José, aquí en el Metro es el mismo precio para cualquier trayecto, ¿sabes?

I. Rôle play. Study Diálogo 5, and use the basic structures to act out this rôle play with a classmate:
- a Ask for three tickets.
- b *Aquí tiene. Noventa pesetas . . . Gracias.*
- a Ask whether you need to change trains for Goya.
- b *Sí, en la Puerta del Sol.*

J. Once again, when you have finished, make up and act out more of your own, changing the number of tickets, price (metro tickets currently cost 30 pesetas in Madrid — check with your teacher), and destination. Here are some names of other Metro stations in Madrid, which could be your destination:

Cuatro Caminos	Banco de España
Ventas	Goya
Retiro	Manuel Becerra
O'Donnell	Estrella
Velázquez	Legazpi

Imagine you are at Atocha: can your friend tell you where to change, using the Metro map?

Diálogo 6
Granada ¡por fin!
Los chicos llegan a la estación de Granada

Manolo   ¡Uf, cuánto pesa tu maleta, Ana! ¿Qué tienes ahí dentro?
Ana   ¡Un regalo muy grande para ti, naturalmente!
Manolo   Bueno, vamos a casa en autobús, ¿vale?
José   Sí, vale. ¿Qué número es?
Manolo   El once . . . ahí viene. Tenemos que correr.

Conchi   Cuatro, por favor.
Cobrador   Son ciento veinte pesetas . . . Gracias.
Conchi   A ver si podemos pasar hacia adelante. Los autobuses siempre van atestados.
José   ¡Como en Bogotá también!

K. Answer the following questions on Diálogo 6.
1. What does Manolo say about Ana's case?
2. What does she say about it?

a. ¿Cómo van los chicos a casa? ¿Qué número cogen?
b. ¿Cuánto cuesta el billete?
c. ¿Cuánto tienen que pagar?
d. ¿Cómo es el autobús?
e. ¿Cómo son los autobuses de Bogotá?
f. ¿Cómo son los autobuses de tu pueblo/ciudad?
g. ¿Qué número de autobús coges tú para volver a casa?

Vocabulario

pesar	to weigh
ahí dentro	inside
el autobús	bus
vale	O.K.
ahí viene	here it comes
correr	to run
el cobrado	conductor
a ver si	let's see if
hacia adelante	forward
siempre	always
atestados	crowded
como	like, as
también	also

RENFE
Telf: 23.24.97/27.12.72

Salidas
08.30: TER a Algeciras y cambio de tren en Bobadilla para Málaga-Córdoba y Sevilla.
09.50: TER a Valencia-Alicante y Murcia.
12.37: Ferrobús a Algeciras y cambio de tren en Bobadilla para Málaga-Córdoba y Sevilla.
13.30: Ferrobús a San Francisco de Loja.
14.20: TALGO a Madrid.
14.45: Expreso a Barcelona y viajeros para Murcia-Alicante-Valencia-Castellón y Tarragona.
17.05: Automotor a Almería y cambio de tren en Moreda para Linares-Baeza.
17.51: TER a Sevilla y cambio de tren en Bobadilla para Málaga y Córdoba.
20.00: Ferrobús a San Francisco de Loja.
23.00: Expreso a Madrid.

Llegadas
08.10: Expreso a Madrid.
08.29: Ferrobús de San Francisco de Loja.
10.15: Automotor de Almería y viajeros de Linares-Baeza.
12.35: TER de Sevilla.
16.08: Ferrobús de San Francisco de Loja.
17.47: Ferrobús de Algeciras y viajeros de Málaga-Córdoba y Sevilla.
18.20: Expreso de Barcelona y viajeros de Tarragona-Castellón-Valencia-Alicante y Murcia.
18.52: TER de Valencia y viajeros de Alicante y Murcia.
21.50: TALGO de Madrid.
21.55: TER de Algeciras y viajeros de Córdoba-Málaga y Sevilla.

IBERIA
Telf: 22.14.52
Horarios de vuelos temporada de verano 1.983
(Del 27 de marzo al 31 de octubre)

SALIDAS DE GRANADA

Días	Destino	Hora salida
Lunes	Madrid	09.55
"	Madrid	17.55
"	Barcelona	19.20
Martes	Madrid	17.55
"	Barcelona	19.20
Miércoles	Madrid	09.55
"	Valencia	11.55
"	Palma Ma.	11.55
"	Madrid	17.55
"	Barcelona	19.20
"	Las Palm.	19.45
Jueves	Madrid	17.55
"	Barcelona	19.20
Viernes	Madrid	09.55
"	Madrid	17.55
"	Barcelona	19.20
Sábado	Valencia	11.55
"	Palma Ma.	11.55
"	Madrid	17.55
"	Barcelona	19.20
"	Tenerife	19.45
Domingo	Madrid	17.55
"	Barcelona	19.20

LLEGADAS A GRANADA

Días	Procedencia	Hora lleg.
Lunes	Madrid	17.15
"	Madrid	09.15
"	Barcelona	18.40
Martes	Madrid	17.15
"	Barcelona	18.40
"	L. Palmas	11.10
"	Palma-Val.	19.00
Jueves	Madrid	09.15
"	Madrid	09.15
"	Barcelona	18.40
Viernes	Madrid	09.15
"	Madrid	17.15
"	Barcelona	18.40
Sábado	Madrid	17.15
"	Barcelona	18.40
"	Tenerife	11.10
"	Palma-Val.	19.00

ALSINA GRAELLS SUR
Telf: 25.13.50

Salidas
Algeciras: 9.00 y 16.00 h.
Almería: 7.00 y 15.30 h.
Almuñécar: 7.30, 17.00 y 17.30 h.
Córdoba: 7.00, 13.30 y 15.30 h.
Cádiz: 10.00 h.
Cartagena: 14.00 h.
Cazorla: 14.15 h.
Jaén: 7.00, 10.30 y 14.15 h.
Loja: 7.00, 7.30, 8.00, 9.00, 11.00, 12.00, 13.00, 13.30, 14.30, 15.30, 16.00, 17.00 y 19.00 h.

Vocabulario

RENFE	Spanish Railways
TALGO	luxury express train
TER	express train
Automotor	diesel train
Ferrobús	local diesel train
Expreso	stopping train
ALSINA EMPRESA MAESTRA	Granada bus companies
el viajero	traveller
la temporada	season
el verano	Summer
destino	destination
procedencia	coming from

L. Revision (*Repaso*): Can you . . . ?
1. say your name
2. say where you are from
3. say your nationality
4. when your birthday is
5. say your age
6. describe yourself
7. describe your family
8. describe your house
9. list your hobbies and interests
10. describe your school day
11. list your subjects
12. ask for a single to Madrid
13. ask for details about your train
14. ask if you have to change

M. This Granada newspaper gives information about travel and transport. After studying it, answer the following questions:
1. Quieres ir a Sevilla en tren: ¿a qué hora tienes que salir?
2. Quieres ir a Madrid, y tienes prisa: ¿qué tren vas a coger?
3. Quieres ir a Madrid, pero no tienes prisa: ¿a qué hora coges el tren?
4. Quieres ir en tren a Murcia: ¿qué tren tienes que coger?
5. Quieres ir en tren a Málaga: ¿dónde tienes que cambiar de tren?
6. Tu amigo va a llegar en el Talgo procedente de Madrid: ¿a qué hora tienes que ir a la estación?
7. Quieres coger el avión a Madrid: ¿a qué hora puedes coger el vuelo por la tarde?
8. ¿Qué día de la semana puedes viajar por avión a Palma de Mallorca?
9. Vas al aeropuerto a buscar a tu amiga que acaba de pasar las vacaciones en Tenerife: ¿a qué hora tienes que estar allí?
10. ¿Cómo se puede viajar a Almería?

5

En casa

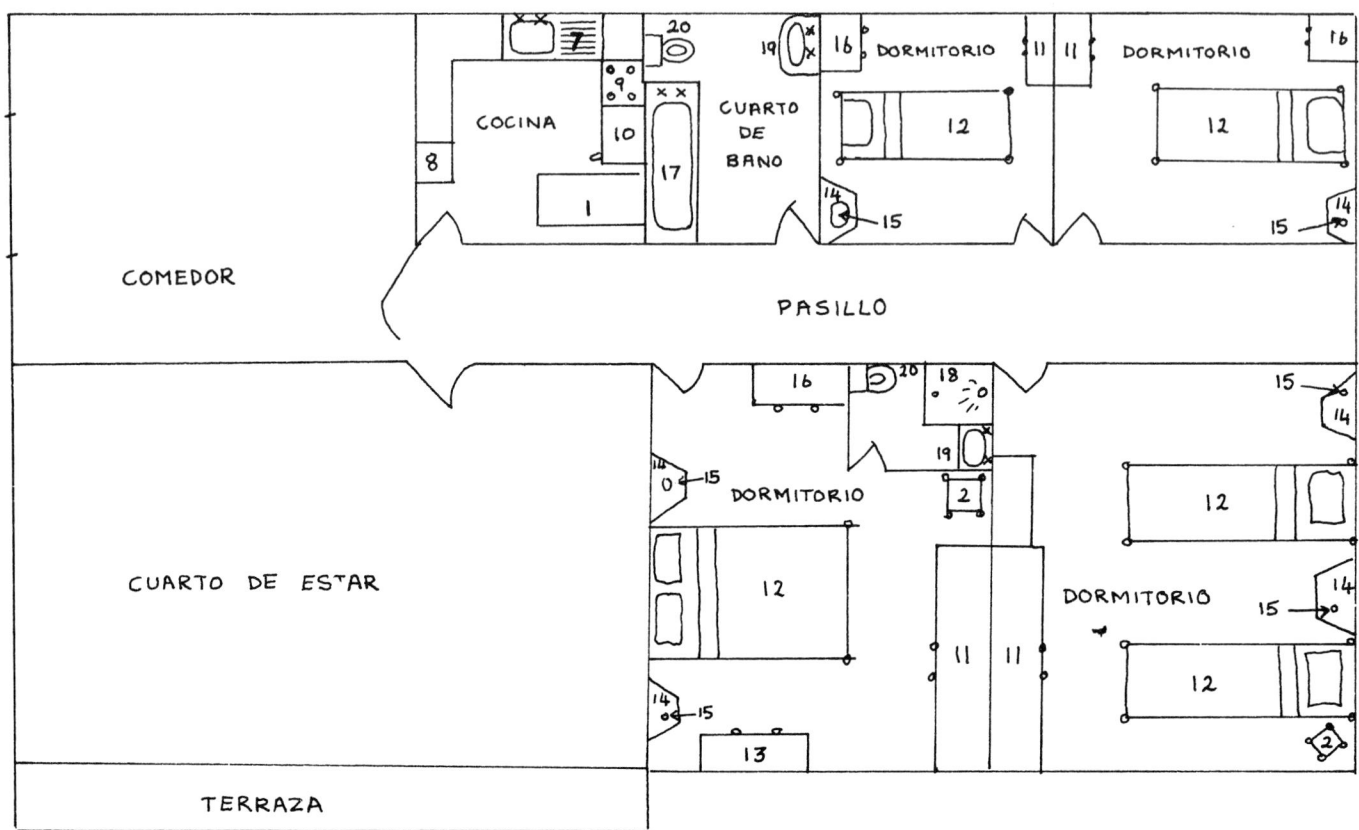

He aquí un plano del piso de la familia Zafra

Los muebles
1 la mesa
2 la silla
3 el aparador
4 el sofá
5 la butaca
6 el televisor
7 el fregadero
8 la lavadora
9 la cocina de gas
10 la nevera
11 el armario
12 la cama
13 el tocador
14 la mesita de noche
15 la lámpara
16 la cómoda/el cajón
17 la bañera
18 la ducha
19 el lávabo
20 el retrete

A. Study the plan of the Zafra family's flat: Manolo forgot to put in the furniture in the lounge and the dining-room. Here is part of the description he wrote. See if you can sketch these two rooms with the furniture mentioned. To help you, here first is the description of Manolo's bedroom seen from the doorway:

A la izquierda, están las dos camas; y las mesitas de noche. Enfrente, está la ventana, y a la derecha están el armario y el aparador. En el rincón, a la izquierda de la ventana, hay una silla.

1 El cuarto de estar: al entrar, tienes a la derecha el sofá y una butaca. En el rincón, al lado de la terraza está el televisor. A la izquierda, otra butaca. A la izquierda en el rincón hay un aparador.
2 El comedor: al entrar, ves la mesa en el centro, con seis sillas alrededor. En el rincón, a la izquierda, ves un aparador, y otro a la derecha de la ventana. A la derecha hay otro televisor, en el rincón.

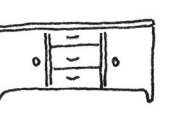 

 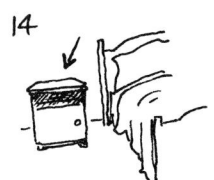

B. By now you should be familiar with these position words:

en	a la derecha (de)
sobre	a la izquierda (de)
entre	
delante (de)	al final (de)
detrás (de)	al lado (de)
enfrente (de)	en el centro (de)
	en el rincón

Use as many of them as possible as follows: imagine you are standing in the doorway of a room in the flat describing where each item of furniture is as in Exercise A. You and a neighbour could take it in turns and each check on the other.

C. Answer these questions about your house:
1. ¿Qué muebles hay en la cocina?
2. ¿En el comedor?
3. ¿En el cuarto de estar?
4. ¿En el cuarto de baño?
5. ¿En los dormitorios?
6. ¿Dónde está la mesa?
7. ¿Dónde está el televisor?
8. ¿Dónde está el retrete?
9. ¿Dónde están las sillas?
10. ¿Dónde están las butacas?

Now make up further questions like these to ask a classmate.

D. Imagine that you are moving house. The removal man has to be told where to put each item; use the command *ponga* as in the following examples:
¿Dónde pongo la mesa?
— Ponga la mesa en el comedor.
Use the position words from Exercise B to be even more precise!
1. ¿Dónde pongo el armario?
2. ¿Dónde pongo la nevera?
3. ¿Dónde pongo el sofá?
4. ¿Dónde pongo la cama?
5. ¿Dónde pongo la lavadora?

E. When you have mastered Exercise D, use the idea for rôle play with a friend, simply putting other items of furniture after the question ¿Dónde pongo . . . ? After some practice, continue, but using the words *lo, la, los, las* to save repeating the names of items of furniture. Here are some examples:
¿La butaca?
— Póngala en el cuarto de estar.
¿El sofá?
— Póngalo en el cuarto de estar.
¿Las sillas?
— Póngalas en el comedor.
¿Los armarios?
— Póngalos en el dormitorio.

Diálogo 1
Llegada
Conchi   Bueno, chicos, ya llegamos. Toco el timbre, pues no tengo mi llave...
Doña Rosita abre la puerta.
Conchi   Hola, mamá, somos nosotros por fin. Te presento a Ana y a José.
Doña Rosita   ¡Hola! ¡Qué bien! ¡Qué guapos sois! ¿Qué tal el viaje? Y, ¿vuestros padres?
Conchi   ¡Basta, mamá! ¡Están muy cansados!
Ana   ¡Estamos muy contentos de estar aquí, tía!

José   ¡Y tengo un hambre que me muero!
Doña Rosita   Bueno, pronto llegará el tío Alberto, y la cena está lista ya.
Manolo   ¡Muy bien! ¿Qué hay para cenar?
Doña Rosita   Hay pollo, patatas fritas, y... Pero dejad las maletas ahí en el pasillo... el cuarto de baño está aquí, a la derecha.
Conchi   ¡Aquí está papá!
Don Alberto   ¡Hola a todos!

Vocabulario

tocar	to ring (bell)
el timbre	doorbell
la llave	key
la puerta	door
presentar	to introduce
¡qué bien!	how nice!
guapo	good-looking
basta	enough, that's enough
cansado	tired
contento	pleased
el tío	uncle
la tía	aunt
tengo un hambre que me muero	I could eat a horse
pronto	soon
la cena	evening meal
listo	ready
el pollo	chicken
patatas fritas	chips
el pasillo	corridor
a la derecha	on the right

F. Answer the following questions on Diálogo 1.
  1 ¿Quién toca el timbre?
  2 ¿Quién abre la puerta?
  3 ¿Quiénes son guapos, según Doña Rosita?
  4 Según Conchi, ¿cómo están sus primos?
  5 ¿Cómo están Ana y José?
  6 ¿Cómo está José, según dice?
  7 ¿Quién va a llegar pronto?
  8 ¿Qué hay para cenar?
  9 ¿Dónde tienen que dejar las maletas?
  10 ¿Quién llega en este momento?

G. You could try this rôle play with two classmates. Imagine you are introducing a relative to your friend. You can use their name or just a description. Here are some examples:
Juan, te presento a mi tío José.
María, te presento a mi hermana.
Pablo, te presento a mis padres.
Now you try to introduce:
  1 your sister
  2 your father
  3 your mother
  4 your cousin
  5 your uncle
  6 your aunt
  7 your brothers
  8 your sisters
  9 your uncle and aunt
  10 your brother and sister

Diálogo 2
La cena
Doña Rosita   ¿Qué tal está el pollo?
José   Está muy rico, tía.
Ana   Y las patatas también.
Doña Rosita   ¿Queréis más?
José   Sí, por favor.
Ana   No gracias. Estoy llena, y además, ¡quiero adelgazar!
Don Alberto   ¿Qué tal el viaje desde Madrid, chicos?
Manolo   Muy rápido, y muy cómodo.
Don Alberto   Sí, pues en Talgo se viaja bien.
Doña Rosita   Ana, ¿qué tal es vuestro piso en Bogotá?
Ana   Bueno, más pequeño que éste, pero un poco más moderno, quizás.
José   Está muy lejos del centro, además.
Doña Rosita   ¿Y vuestros padres?
Ana   Pues papá tiene mucho trabajo en la oficina, pero le gusta mucho su trabajo.
José   Y mamá trabaja en una guardería que está al lado de casa.
Doña Rosita   Bueno, voy por el postre, y luego os mostraré los dormitorios. Tenéis sueño, ¿eh?

Vocabulario

rico	delicious
más	more
harto	full up
además	besides
adelgazar	to slim
desde	from
rápido	fast
cómodo	comfortable
pequeño	small
un poco	a little
moderno	modern
quizás	perhaps
lejos (de)	far (from)

H. *Contesta a estas preguntas sobre el Diálogo 2.*
  1 ¿Qué tal está el pollo?
  2 ¿Quién quiere comer más?
  3 Ana, ¿por qué no quiere más?
  4 ¿Cómo se viaja en el Talgo?
  5 ¿Cuál es más grande, el piso de la familia Zafra, o el piso de José y Ana?
  6 ¿Cuál es más moderno?
  7 ¿Dónde está el piso de José y Ana?
  8 ¿Dónde trabaja el padre de José y Ana?
  9 ¿Y su madre?
  10 ¿Qué va a hacer Doña Rosita?

Vocabulario

el centro	centre (town)
mucho	a lot, much
el trabajo	work
la oficina	office
la guardería	nursery school
al lado de	next to
el postre	dessert
luego	then, next
mostrar	to show

I. Using *¿Qué tal . . . ?*, ask your friend about the following things. The first two are done for you.
1. the journey – *¿Qué tal el viaje?*
2. the chicken – *¿Qué tal el pollo?*
3. his/her parents
4. the chips
5. the Talgo
6. the dessert
7. Madrid
8. his/her flat
9. his/her mother
10. Bogotá

Can your friend answer the questions?

J. The verb *ser (es, son)* can be used to say what something or somebody is like. For example: *José es moreno. Los tíos son ricos.* How would you say that:
1. the Talgo is fast
2. the Talgo is comfortable
3. the Talgo is modern
4. the chicken is delicious
5. the chips are delicious
6. the dessert is delicious
7. the flat is small
8. the boys are lazy
9. the bus is old
10. the plane is fast and comfortable

Vocabulario

quitar	to clear away
los platos	dishes
lavar	to wash
venir	to come
conmigo	with me
el cuarto	room
aquí	here
sobre	on
poner	to put
los vestidos	clothes
debajo de	under
lo siento	I'm sorry
el espejo	mirror
detrás de	behind
mirar	to look (at)
ver	to see
bonito	pretty

K. The verb *estar (está, están)* can be used to say how something or somebody is. For example: *El autobús está atestado. Mi padre está cansado.* How would you say that José is:
1. tired
2. happy
3. ready
4. full up
5. well

Now say the same things about both José and Ana, e.g. *están cansados.*

Y, ¿tú? Try saying them about yourself *(estoy . . .)*

Diálogo 3
El cuarto de Ana
Doña Rosita   Conchi, quita los platos, por favor. Y tú, Manuel, los puedes lavar. Ana, ven conmigo a ver tu cuarto.
Ana   ¡Ya voy, tía! . . .
Doña Rosita   Aquí está.
Ana   ¡Qué cuarto más bonito!
Doña Rosita   A la derecha tienes la cama, y al lado hay una lámpara sobre la mesita de noche. Al otro lado tienes la ventana, y aquí, a la izquierda está el armario. Pon tus vestidos en el armario y deja la maleta debajo de la cama. Lo siento, pero no hay tocador. Tienes un espejo detrás de la mesita de noche. Mira por la ventana – ahí ves la Plaza Mariana Pineda. Es bonita, ¿no?

L. *Unas preguntas sobre el Diálogo 3.*
1. ¿Qué tienen que hacer Conchi y Manolo?
2. ¿Adónde van Doña Rosita y Ana?
3. ¿Qué dice Ana de su cuarto?
4. ¿Dónde está la cama?
5. ¿Qué hay en la mesita?
6. ¿Dónde está la ventana?
7. ¿Y el armario?
8. ¿Dónde tiene Ana que poner sus vestidos?
9. ¿Y la maleta?
10. ¿Qué se ve por la ventana?

M. After helping Manolo to clear the table, José goes to put his things in the bedroom he is to share with Manolo. Imagine that you are Doña Rosita. After describing the bedroom, tell him where to put his things. You could do this with a classmate as follows:
¿Dónde pongo la maleta?
– Pon la maleta debajo de la cama.
Try with these items (the words *armario, cómoda* and *cajón* will be useful) then add others.
el suéter   la camisa
el pantalón   la camiseta
el chubasquero   los zapatos

N. Battleships?
For this game, you need a partner, and each of you needs pencil and paper. Draw a collection of items of furniture in a room, then, without showing your partner the plan, tell him/her in Spanish what is in the room. He/she can then draw it on his/her piece of paper, and if you end up with the same, you have both done well. If you want to be more ambitious, say exactly where each item is in the room.

6
En la calle

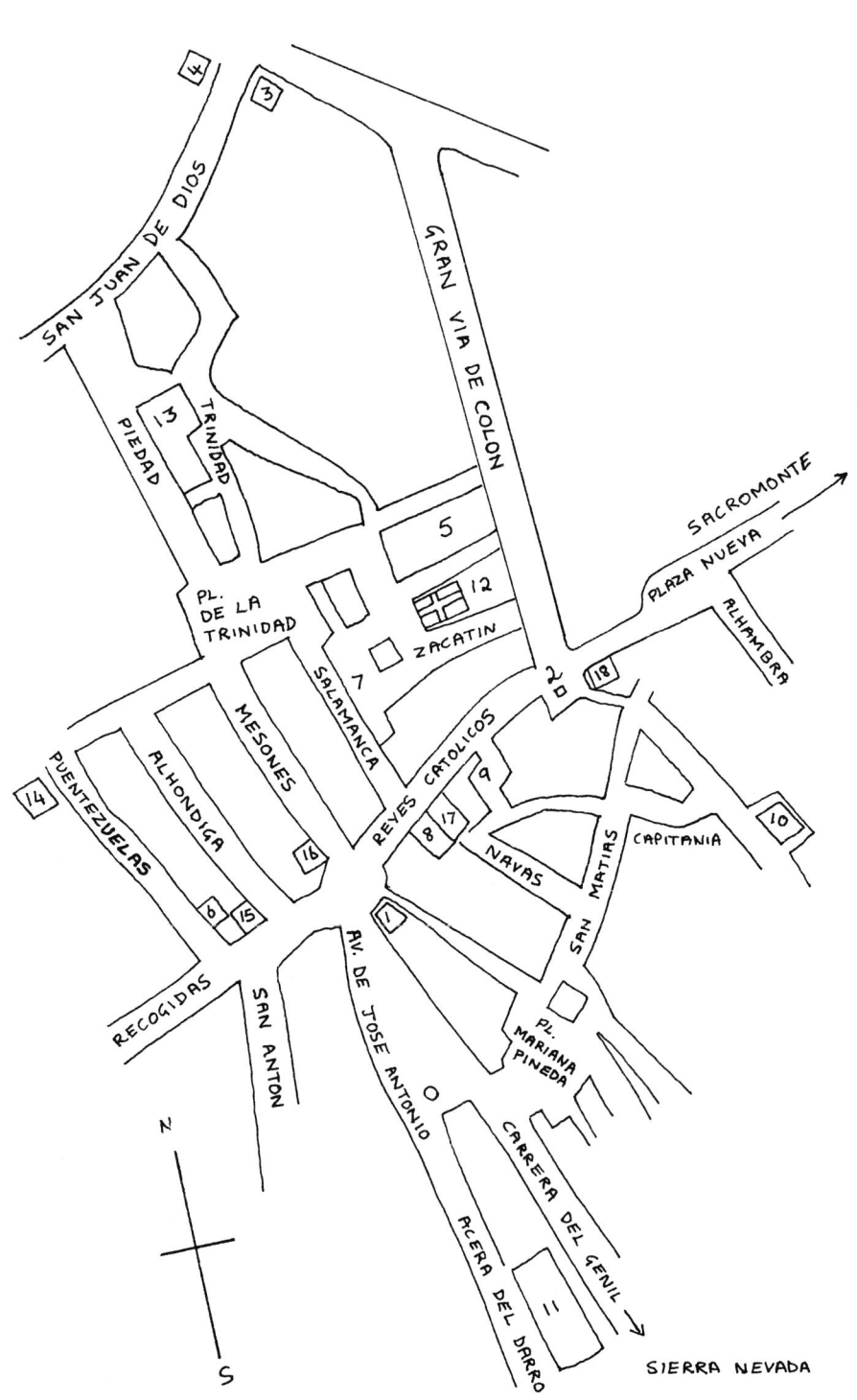

Key

1 Correos
2 Plaza de Isabel la Católica
3 Instituto Padre Suárez
4 Bar Zeluán
5 Catedral
6 Bodegas Muñoz
7 Plaza Bib-Rambla
8 Plaza del Carmen
9 Corral del Carbón
10 Oficina de Turismo
11 Galerías Preciados
12 Alcaicería
13 Universidad
14 Facultad de Filosofía y Letras
15 Cine Aliátar
16 Café Granada
17 Ayuntamiento
18 Banco Hispano Americano

Diálogo 1
Al día siguiente
Manolo   Oye, José, tengo que ir a ver a un amigo mío. ¿Por qué no nos vemos a las once en el Bar Zeluán? Está al lado del Instituto Padre Suárez. Si subes por Reyes Católicos hasta la Gran Vía de Colón, está al final. Está a unos quince minutos.
José   Muy bien.
Manolo   ¡Hasta luego, entonces!

Vocabulario	
al día siguiente	next day
mío	of mine
subir	to go up
está a . . .	it's . . . away
el minuto	minute
hasta luego	see you later
entonces	then

Diálogo 2

A las diez y media

José Dime, tía Rosita, ¿para ir a la Gran Vía?

Doña Rosita Al salir del edificio, tuerce a la derecha; sigue por la misma calle hasta Correos; allí, toma la segunda calle a la derecha — la Calle Reyes Católicos. Sube esta calle, y al final está la Plaza de Isabel la Católica. La Gran Vía está a la izquierda.

José Gracias. A ver si me acuerdo . . .

Doña Rosita Oye una cosa, José: En la Plaza de Isabel la Católica verás la estatua que conmemora el acuerdo entre Colón y la Reina Isabel: poco después, Colón descubrió las islas del Caribe y luego se descubrió América . . .

Isabel y Colón

A. Answer the following questions on Diálogos 1 and 2.
1. Where does Manuel have to go?
2. What does he suggest to José?
3. Where exactly is the Bar Zeluán?
4. How does José have to get there?
5. How long will it take?
6. List the instructions Doña Rosita gives to José.
7. What should José look out for in Plaza de Isabel la Católica?
8. What is the importance of this monument?

Vocabulario

dime	tell me
¿para ir a . . .?	how do I get to . . .?
salir	to go out
el edificio	building
torcer	to turn
seguir	to follow, carry on
hasta	as far as
tomar	to take
segundo	second
me acuerdo	I remember
verás	you'll see
la estatua	statue
conmemorar	to commemorate
el acuerdo	agreement
descubrir	to discover
la isla	island
luego	then

B. Using the formula *¿para ir a . . . por favor?*, ask the way to each of the places numbered on the map of Granada opposite. Remember to think about whether to use *a, al* or *a la;* if in doubt, ask your teacher. You and a friend could take it in turns. Then, write them down.

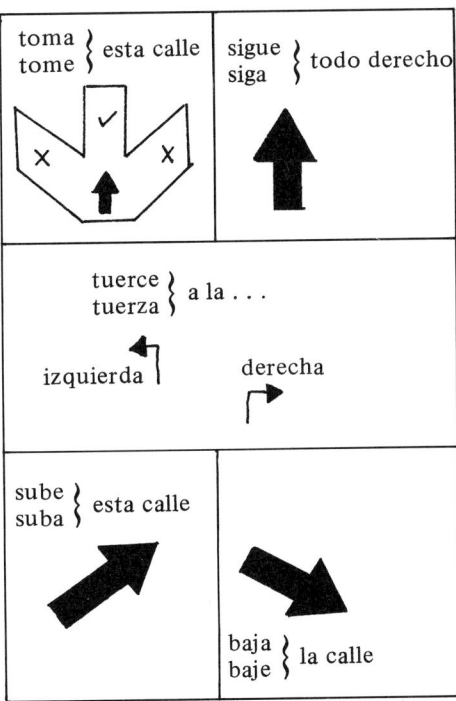

Study these instructions: the first is the familiar form, the second the polite form.

Diálogo 3

En la Gran Vía de Colón

José Oiga, por favor, ¿dónde está el Instituto Padre Suárez? Creo que está en esta calle.

Transeúnte A ver . . . Ah, pues sí. Siga todo derecho. Está al final de esta misma calle; es un gran edificio gris a mano izquierda, al lado del Bar Maype.

José Muchas gracias.

Diálogo 4

Falta poco . . .

José ¿Es éste el Instituto Padre Suárez?

Joven Sí, creo que sí.

José ¿Está por aquí el Bar Zeluán?

Joven Sí. Baja por la primera calle a la izquierda, la calle San Juan de Dios. Está en la esquina, al otro lado de la calle.

José Muchas gracias.

Joven De nada.

Vocabulario

diga (me)	tell me
creo	I think
el transeúnte	passer-by
a ver	let's see
siga	carry on
todo derecho	straight on
gris	grey
a mano . . .	on the . . . hand
el joven	young man
creo que sí	I think so
por aquí	around here
primero	first
la esquina	corner
al otro lado	on the other side
muchas gracias	thanks a lot
de nada	you're welcome

C. Answer the following questions after studying Diálogos 1, 2, 3 and 4. Imagine you are being asked the way by José.
1. ¿Cómo se llega a la Gran Vía?
2. ¿Por dónde se va al llegar a Correos?
3. ¿Qué calle tengo que tomar?
4. ¿Y al llegar a la Plaza de Isabel la Católica?
5. ¿Dónde está el Instituto Padre Suárez?
6. ¿Cómo es el Instituto?
7. ¿Y el Bar Maype?
8. Al llegar al Instituto, ¿por dónde se va al Bar Zeluán?
9. ¿Dónde está el Bar Zeluán?
10. ¿En qué calle está situado?

D. Try this exercise: give a report of all the steps José has to take to get to Bar Zeluán. To remind you, *tener que* followed by an infinitive means 'to have to'. So, choose from these infinitive forms:

torcer   *subir*
tomar   *bajar*
seguir   *salir*

You could start like this:
José tiene que salir del edificio.
Tiene que torcer a la derecha...
You may well be given instructions in this form instead of in the command form. (e.g. *usted tiene que tomar esta calle...*)

E. Use the words in the diagram below to complete the pattern in the sentences beneath it.

F. Here is another method of asking the way. Ask how to get to the following places using the question: *¿por dónde se va a..., por favor?*
1. La Universidad
2. La Plaza Bib-Rambla
3. El Corral del Carbón
4. La Catedral
5. El Bar Maype
6. La Alcaicería
7. Las Bodegas Muñoz
8. El Cine Aliátar
9. Galerías Preciados
10. La Oficina de Turismo

You can add others from the map — but can your neighbour, using *Correos* as a base, tell you how to get to each place?

G. Ask where the following places are, as in this example: *¿Dónde está Correos?*
1. La Oficina de Turismo
2. El Banco Hispano Americano
3. La Estatua de Isabel y de Cristóbal Colón
4. Galerías Preciados
5. El Instituto Padre Manjón
6. La Facultad de Filosofia y Letras
7. El Café Granada
8. El Camping Sierra Nevada
9. El Bar Zeluán
10. La Catedral

Again, can you or your friend answer? In some cases you will need to say: *Lo siento, no sé* or *Lo siento, soy forastero/a*. Can you work out what these mean?

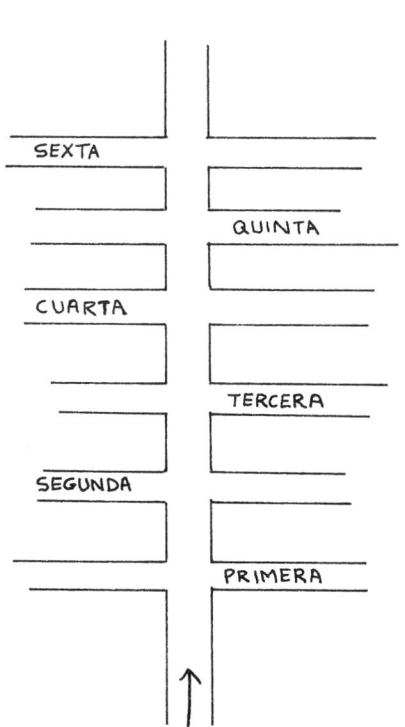

Tome la primera calle a la derecha.
Tome la segunda calle a la izquierda.

La Catedral de Granada

H. You are in front of Correos in Granada. Where would you get to if you followed the following directions?
1. Baje por la Calle Recogidas, tome la segunda calle a la derecha. Está a doscientos metros a la izquierda.
2. Tome la calle de enfrente, y siga todo recto: es una plaza grande que está a trescientos metros.
3. Suba por Reyes Católicos, y tome la primera calle a la izquierda. Al llegar a la Plaza Bib-Rambla, tuerza a la derecha, luego a la izquierda. Es una gran iglesia antigua.

Can you make some up to test your friend?

I. Imagine that a Spaniard is visiting your town. Make a list of six important places he or she will want to get to. You and your partner can take it in turns to be the stranger or the local person giving directions: e.g.
¿Por dónde se va a Woolworths?
– *Tome la cuarta calle a la derecha.*

Vocabulario

enorme	enormous
la piedra	stone
antiguo	ancient
blanco	white
negro	black
amarillo	yellow
gris	grey

J. Here are descriptions of buildings in Granada. Use words from them to describe buildings in your own town. This could be used in a new version of Exercise I.
¿El hotel Luz Granada? Es un edificio grande y moderno.
¿El Cine Aliátar? Es un edificio grande y amarillo.
¿Correos? Es un edificio de piedra gris.
¿Galerías Preciados? Es un almacén enorme.
¿La Alhambra? Es un palacio antiguo.
¿El Bar Maype? Es un pequeño bar moderno.

K. What does this sign tell you?

7
En el café-bar

Diálogo 1
El Bar Zeluán
Camarero   Buenos días, señor. ¿Qué le pongo?
José   Un café solo, por favor. No, un café con leche, mejor.
Camarero   En seguida, señor. ¿Algo más?
José   Si, un bocadillo de queso. Y deme un vaso de agua. Tengo sed.

José   ¿Cuánto es, por favor?
Camarero   Cincuenta pesetas el café, ciento diez el bocadillo. Ciento sesenta en total.
José   Tenga. Y para usted.
Camarero   Muchas gracias, señor. ¡Bote!

Diálogo 2
¡Por fin llega Manuel!
José   ¡Por fin, Manolo! ¡Ya son las once y media!
Manuel   Sí, ya lo sé. Perdona, chico. Bueno, ¿qué vas a tomar?
José   Vamos, te invito yo.
Manuel   Entonces, una cerveza. Y pide unas aceitunas.
José   Camarero . . . una cerveza y unas aceitunas . . . y un tinto con gaseosa.
Camarero   Muy bien, señores. La cerveza, ¿botellín o caña?
Manuel   Botellín, por favor.
Camarero   ¿De qué marca? ¿San Miguel o Alhambra?
Manuel   San Miguel.
Camarero   ¿Tercio o quinto?
Manuel   Un tercio, por favor.

A. Answer the following questions on Diálogos 1 and 2.
1 What does José order to drink?
2 What does he order to eat?
3 What else does he ask for, and why?
4 How much does he have to pay for each item and altogether?
5 What does he give the waiter?

a ¿Qué toma Manuel para beber?
b Y, ¿para comer?
c ¿Por qué bebe cerveza?
d ¿Qué marca de cerveza pide?
e ¿Qué va a beber José ahora?

CAFÉ CON LECHE

UN BOCADILLO DE QUESO

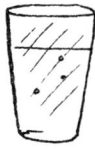
UN VASO DE AGUA

UNA CERVEZA

UNAS ACEITUNAS

UN TINTO CON GASEOSA

Vocabulario

el camarero	waiter	en total	altogether	pedir	to ask for
¿qué le/les pongo/sirvo?	what can I serve you?	para usted	for you (tip)	las aceitunas	olives
		¡bote!	(said by waiters when putting tips in the tin)	vino tinto	red wine
café solo	black coffee			vino blanco	white wine
café con leche	white coffee			la gaseosa	sort of lemonade (La Casera, a popular brand in Granada)
en seguida	at once	llegar	to arrive		
¿algo más?	anything else	por fin	at last		
un bocadillo	sandwich	ya	already		
el queso	cheese	lo sé	I know	desear	to want
deme	give me	perdona	excuse me	la botella	bottle
un vaso	a glass	tomar	to have to eat or drink	caña	draught beer
el agua	water			¿de qué marca?	what brand?
tengo sed	I'm thirsty	invitar	to invite	el tercio	1/3 litre
¿cuánto es?	how much is it?	la cerveza	beer	el quinto	1/5 litre

Diálogo 3

En el café Bib-Rambla

Ya sabemos que a Pablo le gusta comer; un día, Manolo le invita a tomar algo. Pero tiene poco dinero . . .

Manolo ¿Qué sitio prefieres, Pablo? ¿La barra o la terraza?
Pablo La terraza, claro. Como hace tan buen tiempo . . . Y así podemos mirar a la gente.
Manolo Ahí sale más caro y me queda poco dinero . . . Bueno, vale. ¿Qué vas a tomar? Aquí hacen un chocolate exquisito.
Pablo No, prefiero una coca-cola, y pídeme un bocadillo de jamón, que tengo un hambre que me muero. Y tú, ¿quieres algo para comer?
Manolo Pues, sí. ¡Camarero! ¡Oiga, camarero!
Camarero ¡Sí señor! ¡Ya voy!
Manolo Traíganos un Trinaranjus, un bocadillo de jamón, unas patatas fritas y . . . ah sí, una coca-cola.
Pablo Y, que sea bien fría, por favor.
Camarero En seguida, señores.

Camarero Una coca-cola para usted, la naranjada para usted, y el bocadillo, ¿para quién es?
Pablo Para mí.
Camarero Aquí tiene. Y las patatas fritas. La cuenta, ¿también es para usted?
Manolo No, desgraciadamente es para mí . . . ¡Cuatrocientas veinte! ¡Uf!
Pablo ¡Gracias, Manuel! ¡Salud!

B. Find the Spanish for the following expressions:
1 Where would you like to sit?
2 On the terrace.
3 What are you going to have?
4 A cold coca-cola.
5 I'm starving hungry!
6 Would you like something to eat?
7 Hey, waiter!
8 Bring me an orangeade for my friend.
9 Here you are.

C. You are in a café in Spain. Ask for the following drinks . . .
You can use any or all of these models:
Deme un café, por favor.
Póngame un tinto, por favor.
Una cerveza, por favor.

1 a beer (bottled)
2 a beer (draught)
3 a coca-cola
4 an orangeade
5 a glass of water
6 a black coffee
7 a white coffee
8 a red wine
9 a white wine
10 a red wine with lemonade

D. Now imagine that you are with a friend. Try asking for two or more of each drink. N.B. some help:
dos cafés solos
dos cafés con leche
dos vasos de agua
dos tintos con gaseosa

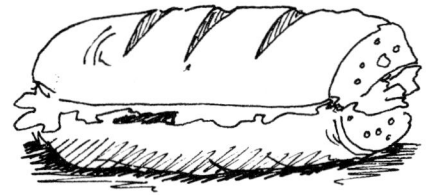

Vocabulario

el sitio	place	ya voy	I'm on my way
la barra	bar	traígame	bring me
la terraza	terrace	traíganos	bring us
hace buen tiempo	the weather's good	patatas fritas	chips, crisps
tan	so	que sea bien frío/a	nice and cold, please
la gente	people	la naranjada	orangeade
sale más caro	it's more expensive	¿para quién?	for whom?
me queda	I have . . . left	para mí/él/ella	for me/him/her
el chocolate	chocolate, drinking chocolate	para usted	for you
exquisito	delicious	desgraciadamente	unfortunately
el jamón	ham	la cuenta	bill
¡oiga!	hey! listen!	¡Salud!	cheers!

E. You are very hungry. Ask for the following snacks . . . there are some useful words below, and on the ice-cream poster.
1. a ham sandwich
2. a cheese sandwich
3. an omelette sandwich
4. crisps
5. some olives
6. a vanilla ice-cream
7. a strawberry ice-cream
8. a coffee ice-cream
9. a chocolate ice-cream
10. a lemon ice-cream

Vocabulario

tortilla	omelette
vainilla	vanilla
fresa	strawberry
limón	lemon
un bocadillo de . . .	a . . . sandwich
un helado de . . .	a . . . ice-cream

Diálogo 4
El borracho del Bar Maype

Señor Orrachón   Camarero, quiero un coñac.
Barman   ¿De qué marca, señor?
Orrachón   Pues, ya sabe usted. Osborne, como siempre.
Barman   En seguida, señor.

Orrachón   Camarero, quiero otro coñac.
Barman   Tome usted.

Orrachón   Eh, chico . . . deme otro . . .
Barman   Pero, don Basilio, ¡si ya ha tomado la mitad de la botella! Ya está usted borracho. ¡Piense en su salud, en su trabajo y en sus alumnos! . . . Bueno, sí. ¡Usted tiene razón! ¡Tome usted la botella!

Vocabulario

el coñac	brandy, cognac
como siempre	as always
la mitad	half
borracho	drunk
la salud	health
los alumnos	pupils
tener razón	to be right

F. *Contesta a estas preguntas sobre el Diálogo 4.*
1. ¿Qué marca de coñac prefiere Don Basilio?
2. ¿Cuántos vasos de coñac toma?
3. ¿Cómo está don Basilio?
4. ¿Qué problemas tiene Don Basilio?
5. ¿Dónde trabaja?
6. Y tú, ¿qué marca de naranjada prefieres?
7. ¿Y de 'cola'?
8. ¿Qué prefieres, el coñac o la cerveza?
9. ¿Qué te gusta más, el vino tinto o el blanco?
10. ¿Te gustan las bebidas alcoólicas?

Diálogo 5
¿Amigas?

Pilar   Camarero, por favor.
Barman   Sí, señoritas. ¿Qué desean?
Pilar   Pues póngame un vermut, y para mis amigas una Fanta de limón y una copita de jerez.
Barman   ¿Es todo? ¿Alguna tapa?
Pilar   Sí, deme unos pinchos de jamón serrano.
Barman   Aquí tiene.

Barman   Señoritas, vamos a cerrar pronto. Tengo que cobrar. Trescientas cincuenta pesetas en total.
Pilar   Bueno, ¿quién va a pagar? Niñas, ¿tenéis dinero? (*se vuelve*) Eh, niñas, ¿dónde estáis? ¡Qué demonio de amigas tengo!

Vocabulario

un vermut	vermouth
una copita	(small) glass
el jerez	sherry
la tapa	snack
pinchos	snacks on sticks
jamón serrano	mountain ham
cerrar	to close
pronto	soon
cobrar	to collect money
¿quién?	who?
pagar	to pay
el dinero	money
¡qué demonio de amigas tengo!	what fine friends I've got!

G. You are in a bar with a friend. Ask for these items, your choice is in the left hand column, your friend's on the right: e.g.
Para mí un conac, y para mi amigo un tinto.

cognac	red wine
beer	coca-cola
red wine	white wine
white coffee	black coffee
olives	crisps
a ham sandwich	an omelette sandwich
a vanilla ice-cream	a chocolate ice-cream

H. Rôle-play: act out these situations with a friend. He/she is the waiter, and repeats each item whilst noting it down (as appropriate).
1a ask for a draught beer
 b ask for a ham sandwich
 c ask for the bill
2a ask for a coffee for you, coke for your friend
 b ask for crisps for you, olives for your friend
 c ask for the bill and give a tip
3 Make up some more scenes of this type with a friend, acting them out and writing them down. Can you make up some funny ones of your own?

I. Pair off these jumbled words and expressions:

café solo	beer
deme	please
jerez	crisps
¡bote!	give me
aceitunas	no thanks
¿cuánto es?	sherry
patatas fritas	black coffee
no gracias	into the tin!
cerveza	olives
por favor	how much?

J. Why not set up a café scene in the classroom? Chalk a suitable backdrop on the blackboard, and invite your teacher for a drink...

K. Café-Bar 'Los Arcos'
1 What is special about September 28th?
2 What can you have to eat here for breakfast?
3 What other food is available?
4 How does the Café-Bar hope to attract new customers on that day?

Café-Bar "Los Arcos"

PARQUE LOS CARMENES (Frente Molina Olea)

Día 28 de septiembre

Abre sus puertas ofreciendo platos variados, especialidad en tapas variadas, caracoles, y desayunos con churros y chocolate

Con motivo de la inauguración, ofrece una COPA DE VINO ESPAÑOL

8
En el restaurante

Diálogo 1
La cena
Doña Rosa ¡A la mesa!
Manolo ¡Por fin! ¿Qué hay para cenar, mamá?
Doña Rosa Hay sopa de cebolla, luego chuletas con ensalada. Vamos, sentaos todos.
Conchi Papá, pásame el pan, por favor.
Doña Rosa ¿Qué tal está la sopa? Necesita un poco más sal, ¿verdad?
Don Alberto No, Rosita, está muy bien.
Ana José, pásame el agua... Gracias.

Doña Rosa ¿Estáis listos para el plato principal?
Manuel Sí. Huy, ¡qué bien huele!
Doña Rosa Hay también ensalada con tomate y patatas fritas.
Don Alberto ¿Ana, quieres más vino?
Ana Sí, pero no mucho. Voy a echar gaseosa.

Doña Rosa De postre, hay helado, o, si preferís, hay fruta. Chicos, os voy a decir algo: mañana voy a casa de la abuelita. Así que a mediodía tenéis que ir a un restaurante, ¿vale?
Conchi Muy bien, mamá. Voy a llevar a Ana al Restaurante de la Plata.
Manuel Y nosotros, vamos al Bar Zeluán, ¿eh José? Allí se come bien y barato.

A. Answer the following questions on Diálogo 1.
1 What is the first course?
2 What is the main course?
3 What does Conchi ask for?
4 What does Doña Rosita say about the soup?
5 What does José say about it?
6 What is Manolo's comment about the main course?
7 What is served with the chops?
8 How does Ana like her wine?
9 What is the choice for dessert?
10 Why do the youngsters have to eat out tomorrow?

B. Find the Spanish for:
1 Come to the table!
2 What's for supper?
3 Come and sit down.
4 What's the soup like?
5 The soup is good.
6 It needs more salt.
7 Pass me the water.
8 Are you ready?
9 main course
10 It smells good.
11 You can eat well and cheaply there.

Vocabulario

sopa de cebolla	onion soup	¡qué bien huele!	how good it smells!
luego	then	el tomate	tomato
chuletas	chops	echar	to put in (here)
la ensalada	salad	el postre	dessert
sentaos	sit down	la fruta	fruit
el pan	bread	mañana	tomorrow
la sal	salt	la abuela	grandmother
el agua	water	mediodía	mid-day
un poco	a little	llevar	to take
listo	ready	barato	cheap

Diálogo 2
En el restaurante de la Plata
Conchi   Ana, ¿dónde quieres sentarte?
Ana   Pues, me da igual. Allí hay una mesa para dos.
Conchi   Bueno, entonces, ahí cerca de la ventana.
Camarero   Buenos días, señoritas. ¿Qué van a tomar?
Conchi   Traiga el menú, por favor . . . Gracias. ¿Qué te apetece, Ana?
Ana   Quisiera probar el gazpacho.
Conchi   Bueno, dos gazpachos.
Camarero   ¿Y de segundo?
Conchi   Para mí, una tortilla con jamón.
Ana   Yo voy a tomar un bistec con patatas fritas.
Camarero   ¿Y para beber?
Conchi   Agua mineral — ¿lo quieres con gas o sin gas, Ana?
Ana   Con gas.
Camarero   Lanjarón con gas . . . En seguida, señoritas.

Camarero   ¿Algo de postre, señoritas?
Conchi   Para mí, un helado de chocolate.
Ana   Para mí, un café solo y nada más.
Conchi   Y traiga la cuenta, por favor . . .

Diálogo 3
En el comedor del Bar Zeluán
José   ¿Qué vas a tomar, Manolo?
Manuel   De primero, macarrones. El hígado está muy bien.
José   Yo prefiero albóndigas en salsa. Macarrones con tomate para mí también.
Camarero   Dos de macarrones, uno de hígado y uno de albóndigas. ¿Y para beber?
Manuel   Un litro de cerveza, por favor.
José   Esta salsa está muy rica. Camarero, traiga más pan, por favor.
Camarero   De postre hay flan, melocotón en almíbar o fruta del tiempo.
Manuel   ¿Tienen plátanos?
Camarero   No, solo naranjas.
José   Para mí, flan con nata.
Camarero   Lo siento, nata no queda.
José   Bueno, pues, flan sin nata. Y la cuenta, por favor.

Camarero   La naranja para usted, y el flan para usted. Y la cuenta . . .
José   Setecientas veinte, servicio incluido . . . ¡no está mal!

Vocabulario

me da igual	I don't mind
el menú	menu
¿qué te apetece?	what do you fancy?
quisiera . . .	I'd like
probar	to try (food)
el gazpacho	chilled soup
la tortilla	omelette
el bistec	steak
el agua mineral	mineral water
con gas	with fizz
sin gas	without fizz
Lanjarón	a brand of mineral water
macarrones	macaroni
el hígado	liver
albóndigas	meat-balls
la salsa	sauce
el flan	caramel custard
melocotón en almíbar	peaches in syrup
el plátano	banana
la naranja	orange
nata	sweetened cream
no queda	there's none left
sin	without
servicio incluido	service included
no está mal	that's not bad

C. *Contesta a estas preguntas después de estudiar los Diálogos 2 y 3.*
1   ¿Dónde se sientan las chicas?
2   ¿Qué quiere ver primero Conchi?
3   ¿Qué toman de primero?
4   Y, ¿de segundo?
5   ¿Quién toma helado de postre?
6   ¿Qué toman los chicos para empezar?
7   ¿Qué le gusta más a José, hígado o albóndigas?
8   ¿Qué toman los chicos para beber?
9   ¿Le gusta a Manuel la salsa?
10 ¿Cuánto cuesta la comida de los dos chicos?
11 ¿Es caro el Restaurante Zeluán?

RESTAURANTE DE LA PLATA

Puentezuelas 23   Granada

Telefono 45-36-71

<u>MENU</u>

SOPAS Y ENTREMESES

Sopa de cebolla	90
" legumbres	90
" pescado	100
" fideos	80
Gazpacho	120
Entremeses variados	150
Macarrones con tomate	125

LEGUMBRES, VERDURAS, ENSALADA

Paella	200
Ensalada con tomate	115
Potaje de lentejas/garbanzos	110
Fabada asturiana	125

HUEVOS Y TORTILLAS

Tortilla francesa	150
" con jamón	180
" con champiñones	170
Tortilla española	185
Huevos fritos con jamón	190
Huevos a la flamenca	180

PESCADOS Y MARISCOS

Bacalao a la vizcaína	220
Merluza a la romana	210
Calamares a la romana	250
Sardinas a la plancha	180

CARNES

½ Pollo asado	250
Chuleta de ternera	290
Lomo de cerdo	280
Bistec de ternera	300
Escalope de ternera	310
Salchichas	210
Albóndigas en salsa	190
Hígado	190

POSTRES

Fruta del tiempo	80
Melocotón/Piña en almíbar	80
Flan con nata	100
Helado	100
Ensalada de fruta	110
Queso manchego	150

VINOS ETC

Vino tinto/blanco de la casa botella	180
Rioja - tinto botella	370
Valdepeñas - blanco botella	250
Cerveza ⅓ litro	150
Gaseosa con/sin gas	120
Sangría	300
Café solo/con leche	95

Pan y cubierto   50

<u>Menú Turístico</u> - 600 ptas

Paella o Macarrones

Chuleta o Bistec con patatas o ensalada

Postre a elegir

Pan, vino o agua mineral

servicio incluido

<u>Menú del Día</u> - 450 ptas

Sopa o Consomé o Gazpacho

Tortilla o Salchichas o Sardinas o Albóndigas

Helado o fruta o flan

Pan, vino o agua mineral

servicio incluido

D. Ask your teacher to explain the items on the menu opposite. Make up some simple dialogues of your own with a friend, taking it in turns to be customer and waiter. Here are the questions the waiter will need to ask:
¿Qué va a tomar de primero?
¿Qué va a tomar de segundo?
¿Qué va a tomar de postre?
¿Algo para beber?
(*Menú del día* = today's recommended menu)

E. This time, you need to work in threes: one to be the waiter, one to be a tourist who can speak Spanish, and one to be a tourist with no Spanish (the easy part!). The 'interpreter' has to explain to the latter what the various items on the menu are, and interpret between him/her and the waiter! The waiter might say that certain things are 'off' to add to the confusion (in Diálogo 3). Here is a possible start:
Camarero   *¿Qué desean, señores?*
Interpreter   What would you like? There's chicken soup, macaroni or omelette to start with.
Tourist   I'll have macaroni.
Interpreter   *Macarrones, por favor, y . . .*
(Don't forget to choose something for yourself too. *¡Suerte!*)

Vocabulario

legumbres	vegetables
champiñones	mushrooms
merluza	hake
piña	pineapple

Vocabulario

media botella	half bottle
pescado	fish
fideos	noodles
salchichas	sausages
escalope	escalope
ternera	beef

F. You are a customer at the Restaurante Zeluán and you wish to query your bill. A classmate is the waiter checking with you. He reads out what is in his notebook, while you check the prices on the menu. Don't forget the cover charge — *pan y cubierto 50 pesetas.* When you've done these two, make up some others.

```
2 sopa de legumbres
2 tortilla con champiñones
2 fruta del tiempo
2 cervezas
2 café solo
```

```
2 paella Zeluán
2 merluza a la Romana
2 piña con helado
1 litro de vino tinto
2 café con leche
```

G. Try to act out these rôle-play situations with a friend without looking at the menu. Many cheap restaurants in Spain have no written menu, the waiter simply lists what is available.
1a Ask what there is to eat.
  b There is steak, chicken, or meat balls.
  a Order chicken and chips for two.
  b Ask if they want anything to drink.
  a Order a half bottle of red wine.
2a Ask if they have macaroni in tomato sauce.
  b Say no, only paella or gazpacho.
  a Order one of each.
  b Ask what they want for the main course.
  a Ask if they have chops.
3a Ask what sort of soup they have.
  b Say there is fish, onion or noodle soup.
  a Ask for noodle soup for three people.
  b Say that for the main course there is chicken, sausages or beef escalope.

Now make up some others. Perhaps you could test other groups in your class.

9

En las tiendas

Diálogo 1
Doña Rosa   Oye, Ana, ¿queréis ir tú y José a las tiendas? Tengo que ir a comprar algo para la cena.
Ana   De acuerdo, tía Rosita. Necesito comprarme una camiseta.
José   Y yo quiero comprar postales y sellos.
Doña Rosa   Bueno, entonces, voy a buscar mi monedero.

Diálogo 2
En la tienda de comestibles
Doña Rosa   Buenos días Don Ramiro. Deme un kilo de salchichas y dos de patatas, por favor.
Don Ramiro   Aquí tiene, Doña Rosita. ¿Algo más?
Doña Rosa   Sí, póngame un kilo de plátanos y un litro de aceite. Pero ¡que estén maduros los plátanos! ¿eh? Y un paquete de esas galletas . . . Y ya está.
Don Ramiro   Bueno, son ochocientas cincuenta y cinco pesetas en total.
Doña Rosa   Aquí tiene. Deme un bolso de plástico, por favor.
Don Ramiro   Aquí tiene. Adiós, y gracias.

Diálogo 3
En la librería
José   Oye, Ana, mira estas postales. Aquí hay de la Alhambra, del Sacromonte y del Albaícin. Son bonitas.
Ana   Sí, ésta es preciosa. Voy a comprarla para mandársela a Mamá. Y éstas también.
José   Yo me llevo éstas dos. ¿Cuánto valen las postales, señorita?
Dependienta   Son todas a diez pesetas.
Ana   Bueno, queremos seis en total: sesenta pesetas. Tome usted.
Dependienta   Gracias. Adiós señores.

Diálogo 4
En el estanco
Ana   Diga, por favor, ¿qué vale un sello para postal para Colombia?
Empleado   Veintiséis pesetas.
Ana   Entonces, deme seis sellos de veintiséis, por favor.
Empleado   Aquí tiene, señorita. Son ciento cincuenta y seis pesetas.
Ana   Y, ¿para mandar cartas?
Empleado   Para mandar cartas al extranjero, son treinta y ocho pesetas.
Ana   Muy bien, muchas gracias.

Vocabulario

la tienda	shop
comprar	to buy
de acuerdo	O.K., agreed
la camiseta	T-shirt
la postal	postcard
el sello	stamp
el monedero	purse
los comestibles	groceries
un kilo de	a kilo of
un litro de	a litre of
un paquete de	a packet of
la salchicha	sausage
el aceite	olive-oil
¡ que estén maduros!	they should be ripe
la galleta	biscuit
ya está	that's all
un bolso	a bag
plástico	plastic
la librería	bookshop
la papelería	paper-shop
bonito	pretty
precioso	pretty
mandar	to send
llevarse	to take (decide to buy)
¿ cuánto vale . . .?	how much is . . .?
el estanco	shop selling stamps and cigarettes
la carta	letter
al extranjero	abroad

D. Imagine you are going on a picnic. Write out your shopping list in Spanish. You go to a grocer's shop and ask for each item (your friend plays the part of the grocer). As he gives you each item, he has to make a note of it to make up the bill. See if he/she ends up with the same list as you!

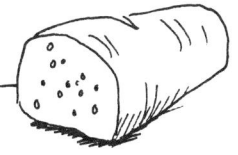
UNA BARRA DE PAN

MARGARINA

UNA LATA DE SARDINAS

MEDIO KILO DE TOMATES

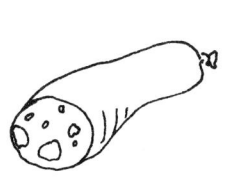
DOSCIENTOS GRAMOS DE CHORIZO

UN KILO DE NARANJAS

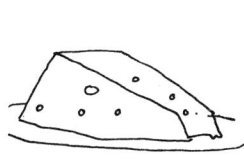
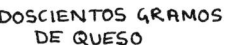
DOSCIENTOS GRAMOS DE QUESO

MEDIA BOTELLA DE VINO

A. *Contesta a estas preguntas sobre los Diálogos 1 a 4.*
   a ¿Qué quiere comprar Doña Rosa?
   b ¿Qué quiere comprar Ana?
   c ¿Qué quiere comprar José?
   d ¿Qué pide Doña Rosa?
   e ¿Cuánto aceite compra? Y, ¿cuántas naranjas?
   f ¿Qué más quiere?
   g ¿Dónde pone las compras?

   1 What does Ana say about the postcards?
   2 How many cards does José choose?
   3 How many do they buy altogether?
   4 How much do they cost each?
   5 What is the price of stamps for postcards? And for letters?
   6 How much for letters abroad?
   7 How much do Ana's stamps cost?

B. Find the Spanish for:
   1 I need / I want to buy / I have to buy . . .
   2 Give me a kilo of potatoes.
   3 half a kilo of sausages (*medio kilo*)
   4 Give me two postcards, please.
   5 They cost twenty pesetas each.
   6 How much is it to send a card to England (*Inglaterra*)?
   7 Give me ten twenty-peseta stamps.

C. With a friend, practise this basic shopping dialogue, putting in as many items as you know, and taking it in turns to be customer and shopkeeper:
Dependiente   Buenos días don/doña . . . ¿Qué desea?
Don/Doña X   Deme un kilo de . . . un litro de . . . y un paquete de . . . por favor.
Dependiente   ¿Algo más?
Don/Doña X   No gracias. Es todo.

Diálogo 5
En el boutique
Ana Buenos días. ¿Qué clase de camisetas tienen?
Dependienta Bueno, hay de todos los tipos: algodón, nailon, seda . . .
Ana Quisiera una de algodón.
Dependienta ¿Qué talla, señorita?
Ana Creo que es cuarenta y cuatro.
Dependienta Entonces, hay éstas, y éstas también son bonitas.
Ana Esta me gusta: 'Universidad de Granada' . . . blanca y verde. ¿Puedo probármela?
Dependienta Claro, señorita. El probador está a la derecha.

Doña Rosa Huy, Ana, te va muy bien . . . ¡Qué guapa estás!
Ana Bueno, me la quedo. ¿Cuánto vale, señorita?
Dependienta Ochocientas pesetas.
Doña Rosa Bueno, te la voy a pagar yo. Te la regalo.
Ana Muchas gracias, tía. ¡Qué amable eres!

Vocabulario

hay de todos los tipos	there are all sorts
quisiera	I should like . . .
el algodón	cotton
el nailon	nylon
la seda	silk
¿qué talla?	what size?
probarse	to try on
el probador	changing-room
te va bien	it suits you
me lo/la/los/las quedo	I'll take it/them
regalar	to give as a present

E. A guessing game. Often people talk about what they need or want before going shopping. The following game will help practise this type of expression in Spanish.
  1 Take it in turns with a friend to say what you need to buy and why: e.g. *Necesito un suéter: tengo frío.*
  2 This time, say what you have to buy and why: e.g. *Tengo que comprar pan: tengo hambre.*
  3 Now say what you are going to buy and why: e.g. *Voy a comprar una Fanta: tengo sed.*
  4 Tell a friend what you are going to buy, using one of the methods above. He/she has to guess why: e.g.
  Tú Voy a comprar un abrigo.
  Tu amigo/a Tienes frío?
  5 This time, ask a friend what is the matter. He/she has to say what the problem is, and you suggest the solution: e.g.
  Tú ¿Qué te pasa?
  Tu amigo/a Tengo hambre.
  Tú Tienes que comprar un bocadillo. /¿Por qué no compras un helado? etc.

F. *Repaso* (Revision). Practise and act out these shopping rôle-plays with a friend. One of you takes the part of Ana, the other the shopkeeper. There are some extra words you will need below.
  1 *Ana* Ask for a kilo of pears.
  Blas Which ones? (*¿cuáles?*)
  Ana Say you prefer them ripe.
  Blas Anything else?
  Ana Say yes, a packet of sugar.
  Blas Give the price.
  2 *Ana* Ask for a litre of wine.
  Pepe Red or white?
  Ana Say you prefer sweet white.
  Pepe Valdepeñas or Penedés?
  Ana Say you prefer Valdepeñas.
  Pepe Here you are, eighty pesetas.
  3 *Ana* Ask how much the postcards cost.
  Paco They cost twelve pesetas.
  Ana Say you want nine.
  Paco That is a hundred and eight pesetas.
  Ana Ask if they sell stamps.
  Paco No, at the post-office.
  4 *Ana* (at the post-office) Ask how much it is to send cards to Britain.
  Luis Twenty-six pesetas.
  Ana Ask for three stamps.
  Luis Say how much.
  Ana Ask for five stamps for letters to Britain.
  5 *Ana* Ask if they sell jerseys.
  Lola Yes, what size?
  Ana Size . . .
  Lola Say you have blue or red.
  Ana Choose the red one and ask how much it is.
  Lola Say it is 1,100 pesetas.

Vocabulario

el azúcar	sugar
dulce	sweet
Correos	post-office
Gran Bretaña	Gt Britain
azul	blue
rojo	red

At some time or other when travelling in Spain or Latin America, you are bound to need to know the names of some other shops and the things they sell. Study this list of shop names and products before doing Exercise G.

Vocabulario

la panadería	baker's
la pastelería	cake shop
la carnicería	butcher's
la pescadería	fishmonger's
la frutería	fruit shop
la confitería	sweet shop
la tienda de comestibles/ultramarinos	general groceries
el supermercado	supermarket
el hipermercado	hypermarket
el almacén	department store
el boutique	fashion shop
la tienda de modas	fashion shop
el estanco	stamp and tobacco shop
la zapatería	shoe shop
la perfumería	cosmetic and toiletries shop
la farmacia	chemist's shop
la bodega	wine shop
el mercado	market
la plaza (del mercado)	market hall, covered market
la librería	book shop
la papelería	stationery shop
el quiosco	newspaper kiosk

Many shops simply display the name of their main product, such as *'calzados'*, another name for footwear. Here are some words for some common products: the list is not exhaustive, and some products are to be found elsewhere in this book.

G. Say where these products can be bought, using the expressions *se compra, / se compran.* e.g.

¿Dónde se compra el pan?
– Se compra en la panadería.

¿Dónde se compran las uvas?
– Se compran en una frutería.

1. ¿Dónde se compra la carne?
2. ¿Dónde se compra el papel?
3. ¿Dónde se compra la leche?
4. ¿Dónde se compran los pasteles?
5. ¿Dónde se compran las aspirinas?
6. ¿Dónde se compra un pantalón?
7. ¿Dónde se compran los helados?
8. ¿Dónde se compra un tebeo?
9. ¿Dónde se compran las faldas?
10. ¿Dónde se compra el jabón?

H. List what can be bought in each shop: (use *se compran* for plurals), e.g.
En una farmacia se compran aspirinas y esparadrapos.
1. ¿Qué se puede comprar en una frutería?
2. ¿En una carnicería?
3. ¿En una perfumería?
4. ¿En un boutique?
5. ¿En un mercado?
6. ¿En un supermercado?
7. ¿En un quiosco?
8. ¿En una confitería?
9. ¿En una librería?
10. ¿En un almacén?

Vocabulario

el pan	bread, loaf	la blusa	blouse
el panecillo	bread roll	los calcetines	socks
el bollo	bun	el vestido	dress
el mantecado	type of shortbread	la falda	skirt
la palmera	flaky pastry cake	el zapato	shoe
el pastel	cake	la pasta de dientes	toothpaste
la manzana	apple		
el melocotón	peach	el jabón	soap
el melón	melon	el perfume	perfume
la uva	grape	la aspirina	aspirin
el caramelo	sweet	el esparadrapo	sticking plaster
la margarina	margarine	el papel	paper
la mantequilla	butter	el sobre	envelope
la sal	salt	el diario/periódico	newspaper
el azúcar	sugar		
el arroz	rice	la revista	magazine
la camisa	shirt	el tebeo	comic

I. Make up some questions like those in Exercises G and H to test a classmate. Then draw a simple plan of your local shopping-centre: use it to ask a classmate the way to each shop from a given place, e.g.
¿Por dónde se va a una bodega?
– Tome usted la segunda calle a la derecha, está a la izquierda.

10

En la Oficina de Información y Turismo

Vocabulario

el proyecto	plan
¿qué os parece?	what do you think?
la semana que viene	next week
decir	to say
llevar	to take
dar una vuelta	to go on a trip
estupendo	fantastic
dejar	to let ... have
durante	for, during
entero	whole
vámonos	let's go
dar	to give
el mapa	map
el folleto	brochure
la información	information
diferente	different
la lista	list
el hotel	hotel
decidir	to decide
ahora mismo	right now

Diálogo 1
Proyecto de viaje

Conchi Ana, Manuel, José ... ¿qué os parece hacer un viaje en coche la semana que viene?
Manolo ¿Qué dices, Conchi?
Conchi Pues, papá dice que, si queremos, podemos llevar a Ana y a José a dar una vuelta por Andalucía.
Ana ¡Qué bien!
José ¡Estupendo!
Conchi Sí, papá nos deja el coche durante una semana entera — la que viene.
Manolo Entonces, vámonos a la Oficina de Turismo. Allí, nos darán mapas, folletos e información sobre todas las diferentes ciudades, y listas de hoteles también. Así, Ana y José pueden decidir adonde quieren ir.
Conchi La primera noche, la podemos pasar en nuestra casita en Sierra Nevada. ¡Vámonos ahora mismo, chicos! Cierran a las siete, ¡y ya son las seis y media!

A. Answer the following questions on Diálogo 1.
  1 What does Conchi suggest?
  2 What has her father said?
  3 How do Ana and José react?
  4 How long can they have the car for and exactly when?
  5 Why do they decide to go to the Tourist Office?
  6 What can they get there?
  7 What can Ana and José do?
  8 Why do they go to the Tourist Office straight away?

  a ¿Qué van a hacer los jóvenes?
  b ¿Cómo van a viajar?
  c ¿Cuántos días van a estar fuera de Granada?
  d ¿Adónde van a ir ahora mismo?

Diálogo 2
En la Oficina de Turismo

Manuel Buenas tardes. ¿Tiene un mapa de Andalucía, por favor?
Empleado Sí, tome usted.
José También queríamos unos folletos sobre Málaga, Sevilla, Jerez y Córdoba.
Empleado Lo siento. De Sevilla no hay.
Ana ¿Tienen listas de hoteles y de pensiones?
Empleado Claro, señorita. Tengo que ir a buscarlas .... Aquí tiene. ¿Algo más?
Conchi No, ya está. Muchas gracias.

ALHAMBRA Y GENERALIFE

Casa Real, Partal, Torres, Alcazaba y Generalife

Billete individual para visita diurna, por **una** sola vez en el día que se expende y el siguiente para continuarla en los Recintos no visitados.

Precio: 150 pesetas

Consérvese hasta la salida. N° 182062

Granada

Diálogo 3
Al día siguiente
Ana Diga, por favor, ¿a qué hora está abierta la Alhambra?
Empleado De 9 a 6.
Ana Y, ¿cuánto vale la entrada?
Empleado Doscientas pesetas. Pero el domingo es gratis.
José Diga, por favor, ¿dónde nos pueden informar sobre los tablaos flamencos de Sacromonte?
Empleado Si quiere subir al Sacromonte, allí hay muchas cuevas y clubs donde se puede comprar entradas en el acto. Si no, pues en cualquier agencia de viajes se puede obtener entradas que incluyen el precio del autocar para subir allí.

Diálogo 4
En la Alhambra
Conchi Cuatro entradas, por favor.
Empleado Ochocientas pesetas, señorita.

Ana ¡Qué bonito es todo! Mira, José, cuántas flores y fuentes.
Manolo Sí, a los árabes les gustaban mucho. Vamos a pasar al Patio de los Leones, que es precioso. Los Reyes Católicos recibieron a Colón varias veces en la Alhambra en 1492.

José Madre mía, estoy muy cansado; pero creo que la Alhambra es uno de los sitios más bonitos del mundo... Conchi y Manolo, cuando vengáis a Colombia, veréis nuestros monumentos pre-Colombinos,* y el Museo del Oro de Bogotá.

*Colombia has many historical monuments connected with the Indian peoples who lived there before the discovery of the area by the Spanish. The Museo del Oro in Bogotá has the largest collection of gold in the world.

Vocabulario

la pensión	boarding-house	varias veces	often, several times
abierto	open	creer	to think, believe
la entrada	entry ticket	el sitio	place
domingo	Sunday	el mundo	the world
gratis	free	cuando vengáis	when you come
informar	to inform	*(subjunctive)*	
el tablao flamenco	Flamenco show	veréis	you will see
		el monumento	monument
la cueva	cave	el museo	museum
el club	club	el oro	gold
en el acto	on the spot	la reina	queen
cualquier	any	moro	Moorish
la agencia de viajes	travel agency	la consumición	drink
		bailar	to dance
obtener	to obtain	aquel/aquella	that
incluir	to include	aquellos/aquellas	those
el precio	price	la música	music
el autocar	coach	llevar	to wear
la flor	flower	volver	to return
la fuente	fountain	carísimo	very dear
el árabe	Arab	¡callaos!	shut up!
les gustaban	they liked	escuchar	to listen (to)

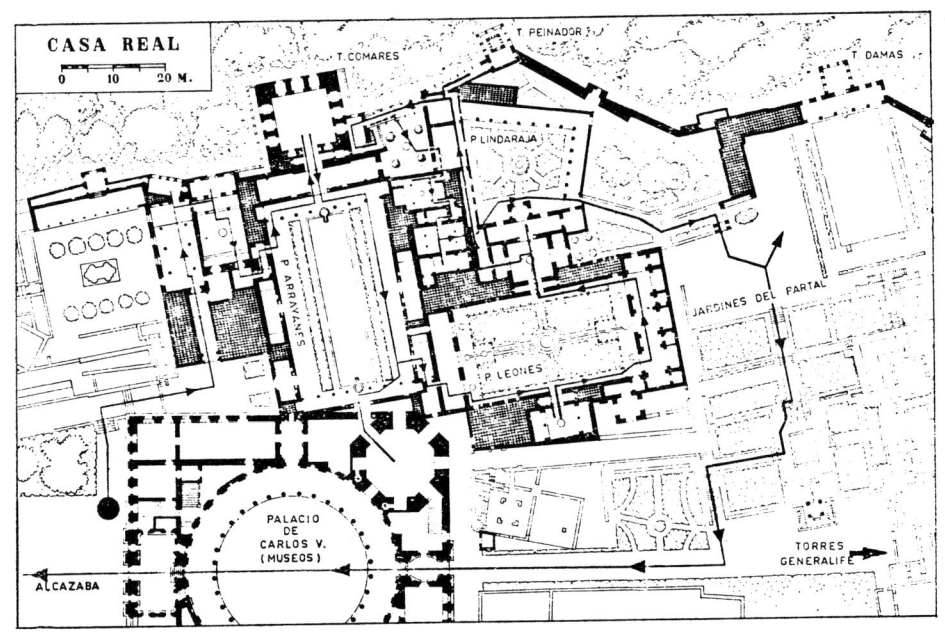

Diálogo 5
La Reina Mora: Tablao Flamenco
Conchi Cuatro entradas, por favor.
Empleado Ochocientas pesetas.
Conchi Está incluido la consumición, ¿verdad?
Empleado Sí, eso es. Pasen por aquí, señores.

Ana ¡Qué bien baila aquella chica morena!
Manolo José, ¿te gusta la música?
José Sí, me gusta mucho el Flamenco.
Ana A mí me gustan los vestidos que llevan las chicas. Quisiera comprarme uno antes de volver a Colombia.
Conchi Están carísimos, ¿sabes? Pero si quieres, conozco una tienda donde se venden muchos.
José ¡Callaos, quiero escuchar la música!

B. *Contestad a estas preguntas después de leer Diálogos 2 a 5.*
  1. ¿Qué piden los jóvenes en la Oficina de Turismo?
  2. ¿Qué ciudades van a visitar?
  3. ¿Cuándo vuelve Ana a la Oficina de Información y Turismo?
  4. ¿Qué quiere saber?
  5. ¿Cuándo se puede visitar la Alhambra sin pagar?
  6. ¿Qué quiere saber José?
  7. ¿Qué se puede obtener en una agencia de viajes?
  8. ¿Cómo se puede ir al Sacromonte?
  9. ¿Qué les gustaba a los Arabes?
  10. ¿Qué opina José de la Alhambra?
  11. ¿Qué podrán ver Conchi y Manolo en Colombia?
  12. ¿Qué opina Ana de la chica morena?
  13. ¿Qué opina José de la música?
  14. ¿Qué quiere comprar Ana?
  15. ¿Qué quiere escuchar José?

C. Look at Diálogos 2-5 and find the Spanish for the following expressions. Some need adapting:
  1 Have you got . . . ?
  2 Here you are.
  3 We wanted some brochures.
  4 of course
  5 Anything else?
  6 That's all.
  7 What time is the Alhambra open?
  8 It's free on Fridays.
  9 Where can I find out?
  10 in any shop
  11 Isn't it all pretty!
  12 What a lot of flowers!
  13 Let's go through to . . .
  14 one of the most beautiful places
  15 When you come to Granada
  16 Is the journey included?

D. Rôle play. You are in a Tourist Information Office, and a classmate is the clerk. You ask for the following items and the clerk says he has to go and fetch them; for the latter, he/she will have to make sure the final *lo, la, los* or *las* matches the item or items referred to: e.g.
¿Tiene un mapa de Espana?
— *Sí, tengo que ir a buscarlo.*
  Quiero/quisiera un folleto sobre Sierra Nevada y un plano de Granada.
— *Sí, tengo que ir a buscarlos.*

Now you try, asking for these items:
  1 brochures on Córdoba and Sevilla
  2 a brochure on the Alhambra
  3 a map of Columbia
  4 a map of Chile
  5 information on Spain
  6 lists of hotels in Málaga
  7 a list of restaurants in León
  8 three entry tickets
  9 a train ticket to Medellín
  10 a plan of Cali
  11 brochures on Valparaíso and Santiago

E. Ask your partner what times the following monuments and buildings are open. He/she can reply as in the examples given. Remember to change the ending of *abierto* to match the word given: e.g.
¿A qué hora está abierto el museo, por favor?
— *De ocho a once, señorita.*
¿A qué hora está abierta La Casa Real, por favor?
— *De nueve a doce y media.*

Now you try: (some use 24-hour clock)

La Alhambra	de 9 a 6
El Corral del Carbón	de 9 a 5
El Museo Arqueológico	de 10 a 1.30
La Cartuja	de 8 a 12.30
El Cine Aliátar	de 16 a 24.00
La Catedral	de 7 a 1.45
La Capilla Real	de 9.15 a 11.45
El Museo del Oro	de 9.30 a 14.00
Correos	de 9 a 13.30
El Teatro Real	de 6.30 a 11.30
La Discoteca Colombia	de 19.15 a 02.00
El Museo del Prado	de 10 a 18.00

F. Look at each of the buildings listed in Exercise E and make a comment about each using the expression *¡Qué . . . es!* Try using as many adjectives as you can; a few are given. Here are a couple of examples:
¿La Alhambra? ¡Qué bonita es!
¿El Museo? ¡Qué interesante es!

bonito	interesante
bueno	aburrido
precioso	hermoso
	(beautiful)

G. Now say that each is the '...est' in the world, e.g. *Es el cine más moderno del mundo.*

Carta a una Oficina de Información y Turismo

Conchi and the others found that the Tourist Office in Granada had run out of brochures on Sevilla. So they wrote to the Tourist Office there to get one direct. Here is their letter:

> Granada
> 24 de julio
>
> Muy señores míos
>
> Quisiera información sobre Sevilla, sus monumentos, lugares de interés turístico, hoteles y restaurantes. Así, pues, le agradecería folletos sobre Sevilla-ciudad y de toda la región. También necesito listas de hoteles, pensiones y restaurantes. Si es posible, mándeme información y detalles sobre las fiestas y festivales.
>
> Dándole las gracias por adelantado, le saluda atentamente
>
> *Conchite*
>
> Conchita Zafra Valverde

Background

Spain relies heavily on its tourist industry, which is probably its most important source of income. Some forty-three million tourists visit Spain each year, about six million from the UK, and the industry employs large numbers of people as waiters, hotel staff and in hundreds of associated fields of business: souvenirs, transport, entertainment and so on.

No wonder the Oficinas de Información y Turismo are so willing to send information and brochures completely free!

H. Project work. Choose a town, city or area of Spain you'd like to visit or which interests you. Write a letter either direct to the relevant office in Spain or to the Spanish National Tourist Office in London. Base your letter on the model above. It will only cost you the price of the stamp. Then, when you receive your information you could do one of the following:
  a produce a leaflet for your class describing your chosen town.
  b plan out a holiday in your chosen town, giving details of where you'll stay, what you'll do, where you could eat and so on.

Vocabulario

Muy señor mío	Dear Sir
el lugar	place
el interés	interest
turístico	tourist, *adj.*
agradecer	to be grateful for
dar las gracias	to thank
por adelantado	in advance
le saluda atentamente	yours sincerely

11

¿Qué tiempo hace?

Diálogo 1

Conchi Bueno, pues, nos vamos pasado mañana. ¿Qué tiempo hace?
Manuel Pues, hoy hace mucho sol y mucho calor . . .
José Pero, ¿qué tiempo va a hacer la semana que viene?
Ana Vamos a ver . . . ¿Dónde está el periódico?
Conchi Aquí está. ¿Qué pone? A ver – de lunes a jueves, sol y calor pero el viernes y el sábado tiempo nuboso y riesgo de chubascos.
Manuel Entonces, está bien: vamos a hacer camping en Málaga y en Tarifa, y luego en Sevilla, buscaremos un hotel o una pensión. Así no tendremos que preocuparnos del tiempo.

Vocabulario

pasado mañana	the day after tomorrow
el tiempo	the weather
¿qué tiempo hace?	what's the weather like?
vamos a ver	let's see
nuboso, nublado	cloudy
el riesgo	risk
el chubasco	showers
hacer camping	to go camping
luego	then
no tendremos que . . .	we won't have to . . .
así	this way
preocuparse	to worry

hace buen tiempo

hace mal tiempo

hace sol
hace calor
hace frío
hace viento

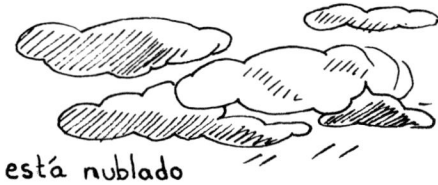
está lloviendo/llueve

está nevando/nieva

está nublado

está despejado

hay niebla

hay lluvia

hay nieve

hay nubes

hay tormenta

A. Find the Spanish for the following expressions. Some need adapting:
1. We're off in two days' time.
2. Today it's very sunny.
3. Today it's very hot.
4. What will the weather be like next week?
5. Where's the newspaper?
6. What does it say?
7. from Monday to Thursday
8. from Wednesday to Sunday
9. on Saturday
10. on Tuesday
11. risk of rain
12. risk of snow
13. We don't need to worry about the rain.

B. Choose your weather!
¿Qué tiempo hace durante la semana?
Ejemplo: el lunes, hace sol.

lunes . . .

martes . . .

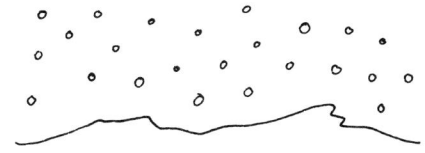

miércoles . . .

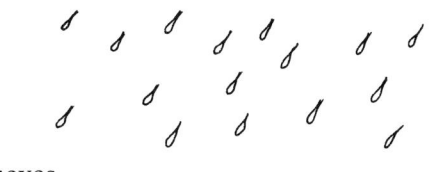

jueves . . .

viernes . . .

sábado . . .

domingo . . .

C. *¿Qué tiempo hace en el mes de:*

enero	julio
febrero	agosto
marzo	septiembre
abril	octubre
mayo	noviembre
junio	diciembre

D. Here are the names of the four seasons: can you give a general description of the weather in each? Some useful extra words are given below.

¿Qué tiempo hace en   primavera?
                       verano?
                       otoño?
                       invierno?

Vocabulario

muchas veces	often	mucho	a lot
a veces	sometimes	poco	a little

E. Here is a series of weather descriptions. Alongside is a list of dates. Match them up in the order you think best, then make up similar sets to test a friend.

hace sol y mucho calor
hace mucho frío, y nieva
hace mucho viento
hace frío, y está lloviendo
está lloviendo, pero no hace mucho frío
hay niebla y hace frío

el once de octubre
el tres de agosto
el día de Navidad
el cuatro de marzo
el quince de febrero
el diez de noviembre

F. Weather game. You and a partner each have a blank sketch map of Britain, Spain or any other country. Each keeps his map hidden from the other. One describes the weather in various parts of the country, drawing in appropriate symbols on his/her map. The other has to do the same. Then compare . . .

G. *Contesta a estas preguntas:*
1. ¿Qué haces cuando hace frío?
2. ¿Qué haces cuando hace sol?
3. ¿Qué haces cuando llueve?
4. ¿Qué haces cuando nieva?
5. ¿Qué haces cuando hace calor?
6. ¿Qué haces cuando hace buen tiempo?
7. ¿Qué haces cuando hace mal tiempo?
8. ¿Qué haces cuando hace viento?

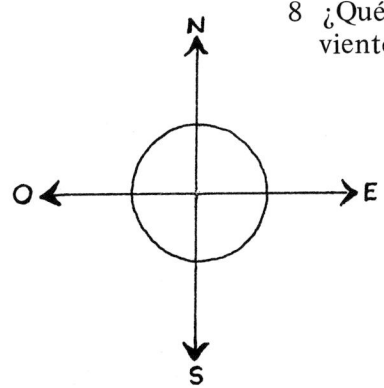

Diálogo 2
Sierra Nevada
Manuel Mira, José, está nublado en Sierra Nevada, pero aquí está despejado.
José Sí, quizás está lloviendo o nevando en las montañas.
Manuel Llueve mucho allí. Y, en el invierno, hay mucha nieve. Mucha gente va a hacer esquí en Solynieve que está a unos veinte kilómetros de aquí. Hasta se puede subir en coche al pico de Veleta, que está a más de tres mil cuatrocientos metros sobre el mar: es la carretera más alta de Europa.
José Bogotá está a casi tres mil metros sobre el mar. Pero, ¿qué tiempo hace aquí en el invierno?
Manuel De día, no hace mucho frío, y muchas veces hace sol. Pero, de noche hace mucho frío y hace viento. Es que el viento viene de la sierra — un viento muy frío. Por lo menos, aquí no hay niebla. En general en Granada hace buen tiempo, pero en Sierra Nevada, casi siempre hace mal tiempo excepto en verano.

Vocabulario

quizás	perhaps
la montaña	mountain
el pico	peak
sobre	above
el mar	sea
la carretera	road
por lo menos	at least
siempre	always
excepto	except

H. *Contesta a estas preguntas sobre el Diálogo 2.*
1 ¿Qué tiempo hace en la sierra en verano?
2 ¿Qué tiempo hace en Granada en invierno?
3 ¿Qué tiempo hace en la sierra en invierno?
4 ¿Qué tiempo hace en Granada en verano?
5 ¿Cuándo hace frío en Granada?
6 ¿Cuándo hace calor en la sierra?
7 ¿Cuándo hace viento en Granada?
8 ¿Cuándo hay mucha nieve en las montañas?
9 ¿En qué estación del año hace buen tiempo en la sierra?
10 ¿Qué tiempo hace generalmente en Granada?

I. Make up as many sentences as you can using these patterns:

me gusta	el verano	
no me gusta	el otoño	porque...
prefiero	el invierno	
	la primavera	

J. Read this transcript of a radio weather forecast for Spain and put in the appropriate symbols on a blank map of the country.
"El tiempo. El servicio meteorológico nacional predice para hoy, lunes, cielo nuboso o muy nuboso en el norte de España con riesgo de chubascos, que serán más frecuentes en las zonas montañosas o en sus proximidades. Las temperaturas se mantendrán generalmente bajas, sobre todo en los Pirineos. En el sur y Levante sol y temperaturas altas, de quince a veinte grados."

K. Answer the following questions on the newspaper extracts.
1. ¿Qué tiempo hace en Andalucía?
2. ¿Dónde está nuboso?
3. ¿De dónde vienen los vientos?
4. ¿Cuál va a ser la temperatura máxima?
5. ¿Qué tiempo va a hacer en Madrid?
6. ¿Cuál va a ser la temperatura mínima?
7. ¿Dónde hubo chubascos ayer?
8. ¿En qué parte de España hizo buen tiempo ayer?
9. ¿Dónde habrá nubes mañana?
10. ¿Qué tiempo va a hacer en Cataluña?

Vocabulario

el golfo	Gulf
flojo	weak
moderado	moderate
fuerte	strong
el área	area
las precipitaciones	rain/snowfall
oriental	eastern
occidental	western
la cuenca	valley

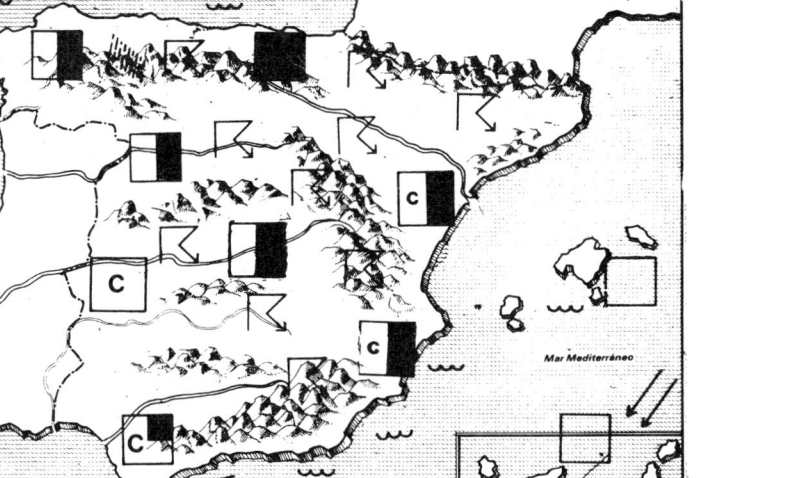

ANDALUCÍA. Cielo nuboso en el golfo de Cádiz y bajo Guadalquivir. Vientos flojos del Este, que serán moderados a fuertes del Este en el Estrecho. Poco nuboso en el resto de la región. Sin cambio en las temperaturas. Máximas de 34° y mínimas de 14°.

ÁREA DE MADRID. Cielo nuboso, con riesgo de alguna tormenta en el área de la sierra y poco nuboso en el resto de la región. Vientos flojos del Este. Sin cambio en las temperaturas. Máximas de 27° y mínimas de 16°.

⚡Tormenta / ⊕ Nieblas / ≡ Vientos / ▓ Lluvias / ☐ Despejado / ▨ Nubes alternas / ▦ Muy nuboso / ■ Cubierto / ✱ Nieves / **C** Mucho calor / c Calor / **T** Templado / f Frío / **F** Mucho frío / **H** Heladas / ~ Olas de 1 m. / ≈ Olas de 2 m. / ≋ Olas de 3 m. / ≣ Olas de 4 m.

Ayer. El cielo ha estado cubierto, con chubascos tormentosos fuertes en Cantabria y Asturias, correspondiendo la máxima intensidad de precipitaciones a la mitad oriental de Asturias y mitad occidental de Cantabria. Estuvo muy nuboso en el resto de Asturias, norte de Galicia, cuenca del Duero y zona de Levante. Nuboso en Cataluña, Aragón, Baleares y Centro. Despejado en el sur de Galicia, Extremadura y Andalucía occidental.

Mañana. Nuboso en el norte de Canarias y con algún chubasco en el norte de Galicia. Nubosidad variable en Baleares, Aragón y Cataluña. Muy nuboso, con chubascos a veces de origen tormentoso, en el Cantábrico, la Rioja, Cataluña, Vascongadas, norte de Navarra y Aragón. Despejado en el sur de Galicia, Extremadura, Andalucía y Centro.

ESPAÑA		MIN.	MAX.			MIN.	MAX.	EXTRANJERO		MIN.	MAX.
Albacete	S	14	26	Madrid	S	16	28	Amsterdam	D	14	21
Alicante	c	19	28	Málaga	c	21	27	Angeles, Los *	D	33	21
Almería	S	22	31	Melilla	c	21	26	Atenas	D	21	29
Avila	S	11	17	Murcia	S	20	24	Beirut	C	24	32
Badajoz	C	18	34	Orense	c	15	26	Bonn	Q	13	27
Barcelona	c	19	27	Oviedo	P	16	19	Bruselas	D	11	29
Bilbao	P	17	22	Palencia	A	15	23	Buenos Aires *	P	15	12
Burgos	S	14	19	Palma	c	18	28	Cairo, El	C	22	33
Cáceres	C	18	30	Palmas, Las	c	21	26	Caracas *	Q	28	19
Cádiz	A	18	25	Pamplona	Q	15	26	Chicago *			
Castellón	c	18	27	Pontevedra	c	17	27	Copenhague	T	16	24
Ceuta	A	19	25	Salamanca	P	14	25	Estocolmo	Q	12	22
Ciudad Real	S	14	28	San Sebastián	P	16	27	Francfort	c	17	28
Córdoba	S	18	32	S. C. Tenerife	c	21	28	Ginebra	Q	17	27
Coruña, La	Q	15	20	Santander	S	18	20	Lisboa	D	17	31
Cuenca	S	12	25	Santiago de C.	A	14	22	Londres	T	13	26
Gerona	S	16	17	Segovia	S	13	19	México *	Q	25	13
Gijón	P	19	22	Sevilla	C	18	32	Miami *	Q	31	28
Granada	S	16	26	Soria	A	13	20	Moscú	Q	9	16
Guadalajara	S	14	27	Tarragona	A	19	25	Nueva York *	D	31	20
Huelva	c	20	26	Teruel	S	14	24	Oslo	T	14	22
Huesca	S	14	24	Toledo	C	17	30	Paris	T	17	27
Ibiza	Q	21	27	Valencia	C	27	20	Rabat	Q	21	25
Jaén	S	19	29	Valladolid	P	16	23	R. de Janeiro *	D	33	15
León	Q	15	22	Vigo	c	18	27	Roma	c	19	27
Lérida	Q	17	29	Vitoria	P	15	23	Tokio *	Q	27	22
Logroño	S	16	23	Zamora	A	16	25	Viena	c	26	27
Lugo	Q	15	20	Zaragoza	c	16	28	Zurich	c	14	27

A, agradable / **C**, mucho calor / **c**, calor / **D**, despejado / **F**, mucho frío / **f**, frío / **H**, heladas / **N**, nevadas / **P**, lluvioso / **Q**, cubierto / **S**, tormentas / **T**, templado / **V**, vientos fuertes.
* Datos del día anterior.

12

Un viaje en coche

Diálogo 1
El coche
Conchi Papá, ¿con que mañana ya podemos ponernos en camino?
Don Alberto Bueno sí, pero hace falta echar gasolina y, además, tenemos que reparar la rueda de repuesto. Vamos a llevar el coche al taller de la Carretera de Jaén. Pero antes a echar gasolina. ¿Vienes conmigo?
Conchi Sí, vámonos.

Diálogo 2
En la gasolinera
Don Alberto Hola, buenos días. Lleno, por favor, súper – unos cuarenta litros.
Empleado Bueno, ya está: cuarenta y dos litros. Son cuatro mil doscientas pesetas.
Don Alberto ¿Quiere ver si está bien de aceite y agua, por favor?
Empleado Sí, está bien.
Don Alberto Bueno, tenga, para usted. Adiós.
Empleado Gracias. ¡Buen viaje!

Diálogo 3
En el taller de neumáticos
Don Alberto Hola. ¿Quiere usted reparar la rueda de repuesto? Me parece que tiene un pinchazo.
Empleado Bueno, vamos a ver . . . Sí, me parece que necesita una cámara nueva. Esta cámara tiene un agujero enorme.
Don Alberto De acuerdo. ¿Cuánto vale una cámara nueva? ¿Puede usted ponerla ahora mismo?
Empleado Claro. En diez minutos nada más . . . Serán mil pesetas. ¿Quiere un recibo?
Don Alberto Sí. Aquí tiene – mil pesetas. Gracias. Tenga, para usted.
Empleado Muchas gracias. ¡Buen viaje!

Vocabulario

conque	so
ponerse en camino	to set off
hace falta	it's necessary
echar gasolina	to put in petrol
además	besides
reparar	to repair
la rueda de repuesto	spare wheel
el taller	workshop
la gasolinera	petrol station
la estación de gasolina	petrol station
la estación de servicio	petrol station
lleno	full, fill up
súper	super, 4-star
corriente	normal, ordinary, 2-star
ya está	that's it
el aceite	oil
buen viaje	have a good journey
el pinchazo	puncture
la cámara	inner tube
el agujero	hole
poner	to fit (here)
el recibo	receipt

A. Answer the following questions on Diálogos 1 and 2.
 1 When will Conchi and the others set off?
 2 What two things need doing to the car?
 3 Where are they going to take it?
 4 How much petrol do they get?
 5 How much does it cost?
 6 What else do they check?

B. *Contesta a estas preguntas sobre el Diálogo 3.*
 1 ¿Qué quiere reparar Don Alberto?
 2 ¿Por qué?
 3 Según el empleado, ¿qué necesita?
 4 ¿Por qué?
 5 ¿Se puede poner la cámara en seguida?
 6 ¿Cuánto tiempo necesita para ponerla?
 7 ¿Cuánto cuesta la cámara?
 8 ¿Quiere un recibo Don Alberto?
 9 ¿Qué le da Don Alberto al empleado?
 10 ¿Qué les dice el empleado?

MULTISERVICIOS, C.B.H.

Ruta 5 2-55, zona 4. Tel.: 65634 Guatemala, C.A. Talleres de Enderezado y Pintura. Mecánica y Tapicería. Mecánica en general y electricidad.

TALLERES CASTAÑEDA

Enderezado y pintura, mecánica en general. Overhol, motores y afinación. SOLDADURA ELECTRICA Y AUTOGENA. A sus órdenes

20 Calle 11-36, zona 1
Tel. 81989

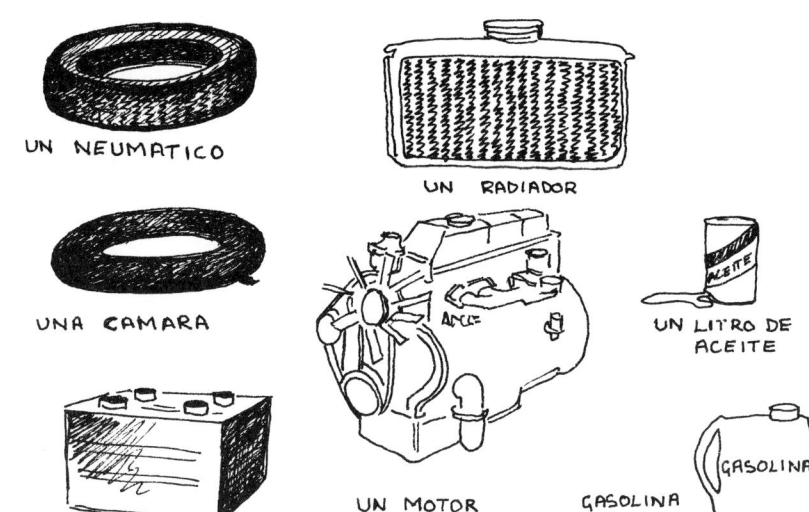

C. Look back at Diálogos 1, 2 and 3, and at the illustrations on this page.
Can you say:
1. Can we set off tomorrow?
2. We have to get the spare wheel repaired.
3. Let's get petrol first.
4. A fill-up, please.
5. forty litres of super
6. thirty litres of ordinary grade
7. Can you check the oil?
8. Can you check the tyres?
9. Can you check the radiator?
10. Can you check the battery?
11. Have a good journey!
12. Can you repair my tyre?
13. Can you repair my radiator?
14. I think it's punctured.
15. You need a new tyre.
16. You need a new battery.
17. How much is a new tyre?
18. How much is a new car?
19. How much is a new battery?
20. Can you fit it now?
21. It will take half an hour.
22. Would you like a receipt?

D. How would you ask for:
1 litre of oil   a new tyre
2 litres of oil   a new inner tube
a new battery   a new car!

E. Rôle play. With a partner, act out a simple rôle play: one of you asks for petrol, the other says how much it costs. Try to alternate between super and ordinary working on 100 ptas per litre for super and 95 ptas per litre for ordinary. As everywhere, prices in Spain change often, usually upwards, but prices are the same at all petrol stations. Here are some examples:
a   veinte litros de súper, por favor
b   son dos mil pesetas
a   treinta litros de corriente, por favor
b   son dos mil ochocientas cincuenta pesetas
Now you try:
10 litres   30 litres
15 litres   35 litres
20 litres   40 litres
25 litres   50 litres

F. Rôle play. You are a garage employee telling a customer what he/she needs: your partner could then ask if it can be done straight away and how much it will cost. You can find some extra ideas for services by looking at Don Alberto's bill on this page. Here is an example:
Empleado Usted necesita un motor nuevo.
Tú ¿Puede usted ponerlo ahora mismo?
Empleado Necesito seis horas.
Tú ¿Cuánto vale un motor nuevo?
Empleado ¡Un millón de pesetas!

Diálogo 4
La salida

Manolo Vamos, Conchi, dame tu maleta.
Conchi Aquí tienes. Entonces ya tenemos todo.
Manolo Eso es. Pongo la tienda y las demás cosas de camping en el maletero del coche, y las maletas en la baca.
José Bueno, chavales, vamos a subir al coche.
Don Alberto ¿Adónde vais primero?
Conchi Vamos a la casita en Sierra Nevada, luego pensamos ir a la costa, pasando por la Alpujarra hasta Motril. Es más bonito que la carretera nacional de aquí a Málaga.
Doña Rosita Tened cuidado con el coche, y no corras, Conchi.
Conchi No, mamá. Adiós.
Don Alberto Adiós. ¡Buen viaje!

Diálogo 5
El cruce

Conchi ¡Uf, qué carretera más mala!
Ana Sí, pero ¡qué panorama más bonito!
Manolo La Alpujarra es una región muy hermosa. Oye, Conchi, estamos llegando a un cruce. ¿Por dónde tenemos que ir?
Conchi Pero, ¡si tú tienes el mapa!
Manolo Sí, pero nos hemos perdido. Conchi, para — vamos a preguntar a aquel pastor . . . Diga, por favor, ¿cuál es la carretera para Motril?
Pastor Tiene que tomar la carretera de la derecha.
José Gracias. Adiós.

G. Answer the following questions on Diálogos 4 and 5.
1 Whose case is last to arrive?
2 What has Manolo put in the boot?
3 Where does he put the suitcases?
4 Where are they heading for first?
5 Why aren't they going direct to Málaga?
6 What advice does Doña Rosa give to Conchi?
7 What does Ana think about the landscape of La Alpujarra?
8 What problem do they have at the crossroads?
9 Whom do they ask for help?
10 Which way to they have to go?

H. Fill in the missing words in these statements about Diálogos 4 and 5:
1 Manolo pone la tienda en ____.
2 Pone ____ en la baca.
3 Primero, van hacia ____.
4 La carretera de Granada a Málaga no es muy ____.
5 Conchi debe tener ____ con el coche.
6 Conchi dice que la ____ es mala.
7 Los chicos ____ a un cruce.
8 Se han ____.
9 Tienen que ____ a un pastor.
10 Tienen que ____ la carretera de la derecha.

Diálogo 6
La carretera nacional — ¡por fin!

Conchi ¡Por fin! Aquí está la Nacional 340. Manolo, ¿cuántos kilómetros hay de aquí a Málaga?
Manuel Vamos a ver . . . unos 160 kilómetros. Es decir que llegaremos a las cinco o así.
Conchi Entonces, si queréis, podemos pararnos un rato en Salobreña. Es un pueblo precioso.
José De acuerdo. Según el mapa está muy cerca.

Diálogo 7
Málaga

Manuel ¡Chicos, casi estamos ya en Málaga!
José ¿Cómo se llama el camping que buscamos?
Manuel Se llama el Camping del Carmen. Está casi en la playa a la entrada de la ciudad.
Conchi Voy a preguntarle a este señor . . . Por favor, ¿por dónde se va al Camping del Carmen?
Señor Está muy cerca, ¿sabe? Sigan por esta carretera. A un kilómetro y pico verán una gasolinera. Hay que tomar la primera calle a la izquierda, luego, otra vez a la izquierda. El camping está por allí a mano derecha.
Conchi Muchas gracias.

Vocabulario

la tienda	tent (here)
los demás	the rest
la cosa	thing
el camping	camping
el maletero	car boot
la baca	roof rack
chavales	youngsters, kids
pensar	to think
la carretera nacional	main road national
tener cuidado	to take care
¡no corras!	don't go fast!
¡qué carretera!	what a road!
el panorama	panorama, landscape
la región	region
el cruce	crossroads
¿por dónde?	which way?
nos hemos perdido	we have got lost
parar	to stop
preguntar	to ask
el pastor	shepherd
tomar	to take

Vocabulario

el kilómetro	kilometre
vamos a ver	let's see
es decir que . . .	that's to say that . . .
a las cinco o así	at about five o'clock
un rato	a while
según	according to
la playa	beach
la entrada	entrance
un kilómetro y pico	just over a kilometre
verán	you'll see
por allí	around there
a mano . . .	on the . . . hand side

I. Find the Spanish for:
1. At last!
2. How far to Málaga?
3. at about 6 p.m.
4. We can stop for a while.
5. on the way into the town
6. You'll see a church/bank/shop.
7. You have to turn right.
8. It's around there on the left.

J. How would you ask for these roads? Here is an example:
¿La Nacional cuarenta, por favor?
Now you try:
N 30   N 3   C 320   A 11
N 45   N 76   C 130   A 1
N 16   N 235 C 528   A 9
(C = Comarcal, district road
 A = Autopista, motorway)

K. Use the question *¿Por dónde se va a . . . ?* to ask a stranger (your neighbour) the way to these cities; he/she can answer with the road numbers given as in this example:
a *¿Por dónde se va a Córdoba, por favor?*
b *Tome usted la Nacional 4.*

Sevilla	N 630
Jaén	N 323
Granada	N 342
Málaga	A 7
Almería	N 324
Alhama	C 340
Ronda	C 339
Lanjarón	C 332
Cádiz	A 4
Fuenteovejuna	C 421

L. Say how far away these places are, e.g.
Madrid está a cien kilómetros.

Bogotá	8,000 kms
Guadalupe	240 kms
Lima	9,500 kms
Zaragoza	968 kms
Panamá	8,432 kms
Santander	743 kms
Caracas	7,237 kms
Oviedo	1,134 kms

M. Use the map of Andalucía to say:
a how to get from one city to another
b how far it is
c how long it will take (work on e.g. 80 k.p.h. average)

Follow these examples:
¿Para ir a Málaga?
a *Hay que tomar la N 340.*
b *Está a 160 kilómetros.*
c *Está a dos horas de aquí.*

First, follow step by step the route taken by Conchi and the others, then do the same with distances on other routes.

N. Use the photo of the signpost to ask the way to the places and roads on it.

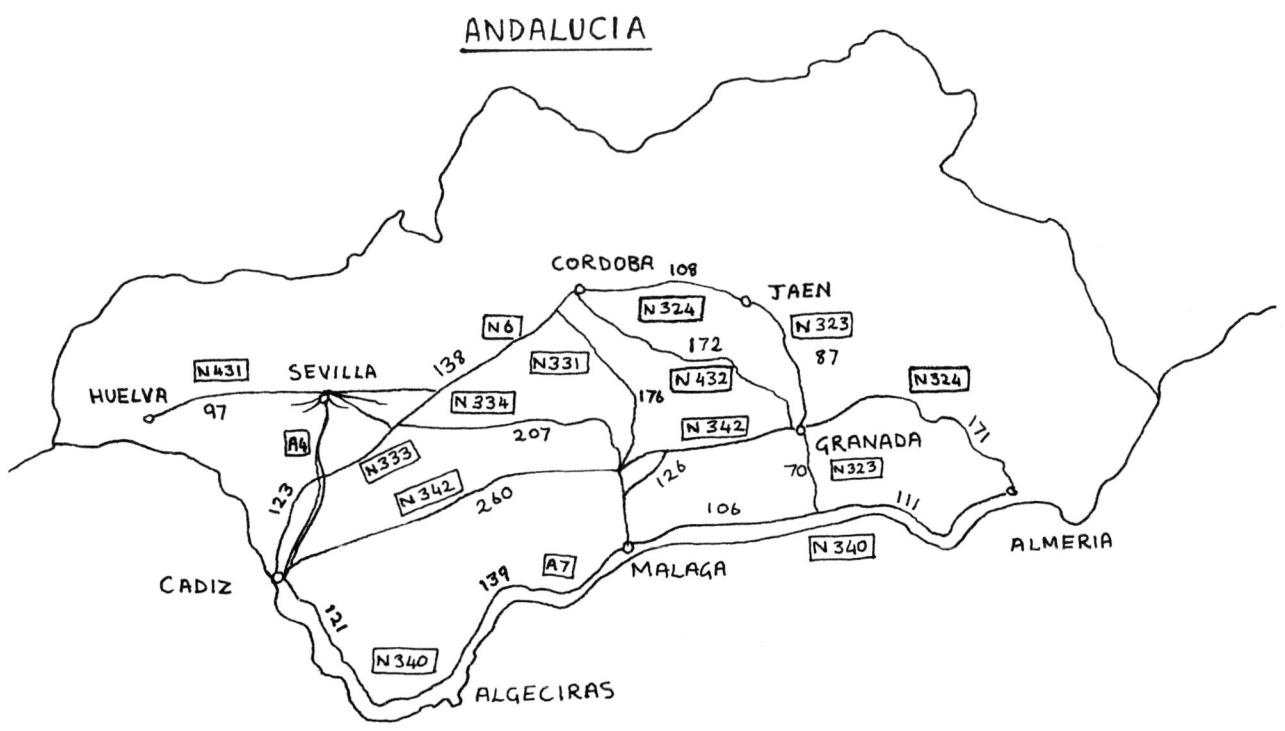

13
En el camping

Diálogo 1
Llegada
Manuel   Buenas tardes, señor. ¿Hay sitio?
Guardián   Hola, buenas tardes. Sí, hay varios sitios cerca de la playa. ¿Cuántas personas son?
Manuel   Somos cuatro, con un coche y una tienda.
Guardián   ¿Cuántas noches van a quedarse?
Conchi   Dos o tres, según el tiempo.
Guardián   Muy bien. Tengo que rellenar esta ficha: ¿nombre y apellido del conductor del coche?
Conchi   Conchita Zafra Valverde.
Guardián   ¿Dirección?
Conchi   Plaza Mariana Pineda 3 – 6°A, Granada.
Guardián   ¿Marca del coche?
Conchi   SEAT.
Guardián   Matrícula?
Conchi   El GR-H-0623.
Guardián   Bueno, pueden poner la tienda en cualquier sitio libre.

Diálogo 2
Preguntas
Conchi   Diga, por favor, ¿tienen duchas?
Guardián   Bueno, hay duchas frías al lado de los servicios. Para las duchas calientes, hay que pagar veinticinco pesetas.
Conchi   ¿Hay alguna tienda o supermercado?
Guardián   Sí, tenemos un pequeño supermercado detrás de los servicios. ¿Quieren toma de corriente?
Conchi   No gracias.

Diálogo 3
Quejas
Ana   Oiga, por favor. ¿Sabe usted que no hay agua en los grifos?
Guardián   Sí, señorita, ya lo sé. Lo siento. Es que hay un problema con el tanque. Pronto volverá a haber agua.
Ana   Pero, es que acabo de poner veinticinco pesetas para una ducha caliente, y . . .
Guardián   No se preocupe, yo se las devuelvo ahora mismo.

José   Oiga, por favor. No funcionan las duchas.
Guardián   Sí, sí, ¡ya lo sé! Es que nos han cortado el agua. Volverá a las dos.

Vocabulario

el guardián	warden
el sitio	room, place
quedarse	to stay
según	depending on
rellenar	to fill in
la ficha	form, card
la marca	make
la matrícula	registration
cualquier	any
la ducha	shower
frío	cold
caliente	warm, hot
los servicios	toilets
la corriente	electricity
la queja	complaint
el grifo	tap
el problema	problem
el tanque	tank
pronto	soon
acabar de + inf.	to have just . . .
devolver	to give back
no funciona(n)	it doesn't/they don't work
nos han cortado . . .	they've cut off . . .

A. Find the Spanish for the following expressions. Some need adapting:
  1. You have to fill in this form.
  2. There are four of us.
  3. There are two of us.
  4. depending on the weather
  5. behind the showers
  6. The toilets don't work.
  7. The showers don't work.
  8. Are there any toilets?
  9. Is there a shop?
  10. The water is off!

B. *Contesta a estas preguntas sobre los Diálogos 1 a 3.*
  1. ¿Hay sitio en el camping?
  2. ¿Dónde hay sitio?
  3. ¿Cuántas personas son?
  4. ¿Cuántas noches van a quedarse?
  5. ¿Qué tiene que rellenar el guardián?
  6. ¿Qué necesita saber?
  7. ¿Dónde están las duchas?
  8. ¿Cuánto cuestan las duchas calientes?
  9. ¿Dónde está el supermercado?
  10. ¿Por qué no hay agua, y por qué no funciona?

C. You are staying at a campsite with lots of problems! Say that the following things don't work using *no funciona(n),* e.g. *No funciona la ducha, no funcionan las duchas frías.*
Over to you:
  1. the electricity
  2. the shower
  3. the hot showers
  4. the cold shower
  5. the tap
  6. the taps
  7. the hot tap
  8. the cold taps
  9. the toilets
  10. the ladies' toilets

'No funciona el retrete'

D. When you arrive at a campsite and book in, you are asked how many there are of you. Imagine you are in each of the following groups, and describe them, e.g. two adults and two children: *Somos dos mayores y dos niños.*
Now it's your turn:
  1. two adults and one child
  2. two adults and three children
  3. one adult and two children
  4. three adults and four children
  5. four adults and three children
  6. five adults and five children

E. Rôle play. With a classmate, act out the following two situations. This time, the Spanish is given for the Guardián's part. When you have done these, try to make up some others to test your partner, and try answering the questions in these for your own family.

Conchi   Ask if there is room.
Guardián   *Sí, hay sitio. ¿Cuántas personas son?*
Conchi   Say you are two adults and two children.
Guardián   *Muy bien. ¿Cuántas noches van a quedar?*
Conchi   Say four or five.
Guardián   *¿Nombre y apellido?*
Conchi   Give your names.
Guardián   *¿Dirección?*
Conchi   Give your address.
Guardián   *¿Marca y matrícula del coche?*
Conchi   Give details of your car.

Manolo   Ask if there are free places.
Guardián   *Sí, hay varios. ¿Cuántas personas son?*
Manolo   Say you are three adults and two small children.
Guardián   *¿Son menores de cinco?*
Manolo   Say one is 6, one 4.
Guardián   *Muy bien – sólo paga el mayor de los dos. ¿Nombre y apellido? ¿Dirección?*
Manolo   Give your name and address.
Guardián   *Muy bien. ¿Y el coche?*
Manolo   Give details of your car.

SIERRA NEVADA

MOTEL

CARRETERA DE JAEN, 79
TELS. 23 25 04 y 27 09 56
GRANADA

PRIMER PREMIO NACIONAL DE TURISMO
POR SUS INSTALACIONES ESPECIALES PARA NIÑOS

PISTAS DE TENIS · DOS PISCINAS
SUPERMERCADO · RESTAURANTE · CAFETERIA

1.ª CATEGORIA

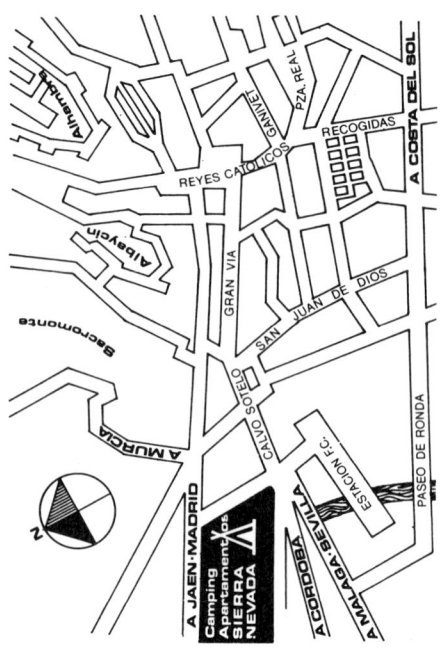

Diálogo 4
La cuenta
Conchi   Buenos días, señor. Nos vamos hoy. ¿Quiere darnos la cuenta, por favor?
Guardián   ¿Qué nombre es?
Conchi   Conchita Zafra Valverde.
Guardián   Ah, sí. Son tres noches, ¿no es así?
Conchi   Sí, eso es.
Guardián   Cuatro mayores, una tienda, un coche . . . ochocientas pesetas diarias . . . por tres . . . son dos mil cuatrocientas.
Conchi   Aquí tiene. Gracias.

2182

CAMPING-MOTEL SIERRA NEVADA

CLIENTE Sr.: ....
Llegada ....
Salida ....
.... P. .... Ptas.
.... N. .... Ptas.
.... T. .... Ptas.
.... C. .... Ptas.
.... Ca. .... Ptas.
.... Mo. .... Ptas.
.... Aut. .... Ptas.
.... El. .... Ptas.
Total . . .. Ptas.
× Jornadas .... Ptas.

2182

ATENCION
La jornada turística termina a las 12 horas.
Si marcha antes de las 8 h., pague la noche anterior.
Para estancias de más de una semana, los pagos se harán por semanas (es decir los sábados).
Conserve este control en lugar visible de su coche, es imprescindible para la entrada al camping, sin él NO se puede pasar.
Preséntelo a la hora de pagar.
Velocidad máxima 5 km./h.
NO FUEGO
La piscina no es gratuita.
Los perros no pueden estar sueltos.
Hora de silencio: las 23 h.
Horario de Oficina: mañana de 8 a 14 h. tarde de 16 a 22 h.
Toda persona que no respete estas normas, deberá abandonar el Camping.
GRACIAS

ATTENTION
La Journée touristique termine a 12 heures.
Si vous partez avant 8 heures, s'il vous plait payez la veille au soir.

Camping del Carmen
Tarifas

Mayores	150 ptas
Niños – 6 años	120 ptas
Tienda	100 ptas
Coche	100 ptas
Caravana	200 ptas
Electricidad	150 ptas

F. Look at the campsite card for Camping Sierra Nevada in Granada. Can you work out what all the sections mean? When you have done so, copy it out and fill it in with your own details.

Next, make another copy. Imagine that you are the *guardián* and a friend is a camper. Ask him/her for the details and fill them in on the card. You can use the rôle plays in Exercise E as models.

G. Now, can you work out your own bill? When you have done so, work out bills for each of the families detailed in Exercise D and then Exercise E (add parents). You could make up some of your own to dictate to a classmate — who has to make out the bill. You could both do so and see if both get to the same total . . .

Camping Motel Sierra Nevada

PISCINA

MIEMBROS A.N.C.E.

Camping

Nº 004677

Fecha ....

ENTRADA

```
                    15 Glossop Road
                    Sheffield S13 8LA

                    3 de abril

Muy señor mío

Quisiera saber algo sobre el Camping Sierra Nevada;
espero ir a pasar unos diez días en Granada en el
mes de agosto.
¿Dónde está situado el camping con relación a
Granada? ¿Cómo es? ¿Hay piscina? Tengo dos niños
pequeños que no saben nadar - ¿hay piscina para
niños? ¿Hay bar y supermercado en el camping?
¿Cuáles son las tarifas del camping?
¿Qué sitios de interés hay en Granada y sus
alrededores?

Le ruego me conteste cuanto antes.

Le saluda atentamente

                    John Dixon
```

H. Study this letter. Can you pick out the five specific pieces of information Mr Dixon asks for?

```
                    Camping Sierra Nevada
                    Carretera de Jaén
                    Granada

                    20 de abril

Querido señor Dixon

Le agradecemos su carta del 3 de abril, en la que
solicitaba información sobre el Camping Sierra
Nevada.

Nuestro camping está situado en las afueras de
Granada a unos dos kilómetros del centro. Se
encuentra en un prado con muchos árboles, de
manera que hay mucha sombra - algo que es muy
importante para los campistas. Tenemos dos
piscinas, una de las cuales es para niños. Además,
hay un bar-restaurante y un supermercado, abierto
de 8 a 2 y de 4 a 9.

Las tarifas diarias son las siguientes:

        Mayores                 150 ptas
        Menores de 7 años       100 ptas
        Tienda                  150 ptas
        Coche                   150 ptas
        Caravana                300 ptas

Hay duchas a disposición de nuestros clientes, con
agua caliente gratis. Le mandamos un folleto con
los detalles de la Alhambra, de la Catedral y del
Sacromonte, que son los lugares de más interés
turístico.

Le saluda atentamente

                    A Rivas López
                    A Rivas López
```

I. Study this letter sent in answer to Mr Dixon's. Can you find the answers to his questions?

J. The letter from Señor Rivas López contains more information than Mr Dixon actually asked for. Can you use it to produce a sort of brochure in English about the campsite? Alternatively, ask a classmate the following question about the campsite and see how many good reasons he/she can give in his/her answer:
¿Por qué te gusta el Camping Sierra Nevada?

K. Imagine that you want to go to stay at the Camping del Carmen in Málaga. Write a letter asking for information, modelled on Mr Dixon's letter. You will simply need to change details, but you could add questions of your own, e.g. *Are there hot showers?*

Vocabulario

esperar	to wait, hope	el prado	meadow
con relación a	in relation to	el árbol	tree
la piscina	swimming-pool	de manera que	in such a way that ...
nadar	to swim	la sombra	shade
la tarifa	tariff, price	el campista	camper
los alrededores	surrounding area	importante	important
rogar	to ask for, beg	diario	daily
cuanto antes	as soon as possible	siguiente	following
agradecer	to thank	a disposición de	at the disposal of
solicitar	to ask for	el cliente	customer
estar situado	to be situated	gratis	free
las afueras	outskirts		
el centro	centre		

55

14

En el hotel

La Torre del Oro

Después de pasar unos días en Málaga, Conchi, Manuel y sus primos colombianos se van a Sevilla, donde piensan buscar una pensión o un hotel barato.

Diálogo 1
Sevilla
Ana ¡Qué ciudad más hermosa! ¡Cuántos naranjos! ¡Parecen árboles de Navidad!
José Este edificio, ¿qué es?
Conchi Es la Torre del Oro, en la que guardaban el oro que venía de América. ¡Por lo menos, así se dice!
José Quieres decir nuestro oro, ¿verdad?
Manuel ¡Bueno, quizás! Oye, si quieres, la Catedral está muy cerca — podemos ir a ver la tumba de Cristóbal Colón . . .

Ana Bueno, pues, aquí está enterrado el señor Colón . . . Y nosotros somos colombianos — ¡qué curioso!
José Y, mira cuanto oro hay por aquí . . . ¡Oro nuestro!

Diálogo 2
En busca de hotel
Manuel Oiga, por favor, hay algún hotel barato por aquí?
Señor Sí, al final de esta calle hay uno, en el rincón.
Manuel Muchas gracias.

Conchi Hotel Cervantes — tres estrellas . . . parece algo caro, y, además, está completo. Vamos a buscar otro sitio.
Ana Allí, al otro lado de la plaza hay una pensión.
José No parece mala. Vamos a entrar.

Vocabulario

el naranjo	orange tree
el árbol de Navidad	Christmas tree
parecer	to seem
la torre	tower
el oro	gold
guardar	to keep
la tumba	tomb
enterrado	buried
¡qué curioso!	how strange!
barato	cheap
el rincón	corner
la estrella	star (used to classify hotels)
caro	dear, expensive
completo	full up
la pensión	boarding-house
no parece mal	it doesn't look bad

A. Contesta a estas preguntas sobre los Diálogos 1 y 2.
1. ¿Qué van a hacer los jóvenes en Sevilla?
2. ¿Qué piensa Ana de Sevilla?
3. ¿Qué es la Torre del Oro?
4. ¿Dónde está la Catedral?
5. ¿Dónde está la Tumba de Colón?
6. ¿Dónde está el Hotel Cervantes?
7. ¿Cómo es?
8. ¿Por qué no entran?
9. ¿Dónde está la pensión?
10. ¿Cómo es la pensión?

Sevilla

Diálogo 3
En la recepción
Conchi   Buenas tardes. ¿Tiene usted habitaciones libres?
Recepcionista   Sí, señorita. Nos quedan tres habitaciones individuales, uno de matrimonio y dos dobles. ¿Qué necesita?
Conchi   Pues, dos habitaciones dobles, con ducha si es posible.
Recepcionista   Sí, todas las habitaciones tienen cuarto de baño.
Manuel   ¿Podemos verlas?
Recepcionista   Claro . . . el doce y el trece. Por aquí, señores — están en el primer piso.
Conchi   Pues a mí me parecen muy bien. ¿Cuánto valen por noche?
Recepcionista   Tiene las tarifas aquí, detrás de la puerta. Son mil pesetas por noche para cada habitación.
José   Pues no está mal. Manuel, vamos a coger ésta, ¿de acuerdo?
Manuel   Sí, tiene vista a la plaza. Y tiene balcón.
Recepcionista   Aquí tienen las llaves. Si quieren, les ayudo con las maletas.
Conchi   No, gracias, no hace falta. ¿Dónde puedo aparcar el coche?
Recepcionista   Tenemos una cochera muy grande. Lo puede dejar allí.

Recepcionista   Tengo que rellenar la ficha. ¿Me puede decir el nombre y apellido, por favor? Y, ¿cuántas noches van a quedar?
Conchi   Sí. Conchita Zafra. Vamos a quedar dos noches.
Recepcionista   ¿Cómo se escribe Zafra, por favor?
Conchi   Con Zeta. A – F – R – A.
Recepcionista   Z – A – F – R – A ¿no es así?
Conchi   Eso es.
Recepcionista   Bueno, llámenme si necesitan algo más.

Vocabulario

tiene vista a	it overlooks
no hace falta	it's not necessary
aparcar	to park
la cochera	garage
individual	single
de matrimonio	with double bed
doble	with twin beds
el primer piso	first floor

B. Find the Spanish for:
1 single room
2 double room
3 twin-bedded room
4 can we see them?
5 this way.
6 they are on the first floor.
7 they are on the third floor.
8 how much per night?
9 let's take this one.
10 it has a view over the cathedral.
11 where can I park the car?
12 can I park it in the garage?
13 how do you spell . . . ?
14 call me if you need anything else.

C. Rôle play. Imagine you are a customer and your friend is a receptionist. How would you ask for the following? He/she can say *Muy bien* or *Lo siento, no hay.*
1 a twin-bedded room
2 a single room
3 two singles
4 a double and a single
5 two doubles and two singles
6 a room with a shower
7 a room with a bathroom
8 a room with a balcony
9 a room with a view of the sea
10 a room with a view of the mountains

D. Conchi had to spell out her surname; can you spell out yours? You may need to ask your teacher to teach you the alphabet in Spanish. Then try spelling these Spanish surnames to your friend: he can ask you ¿*Cómo se escribe . . . ?*

López   Hernández
García   Rodríguez
Prieto   Goicoechea
Morales   Satrústegui
Suñer   Aguirre
Valle   Castresana
Félix   Quiroga
Jiménez   Burbano

E. Rôle play. Pick a partner and act out these rôles:
Cliente Ask if they have a single.
Recepcionista Sí, señor(ita).
Cliente Ask if it has a shower.
Recepcionista No, lo siento ¿Cuántas noches van a quedarse?
Cliente Say it's for one night.
Recepcionista Muy bien. ¿Su nombre y apellido, por favor?
Cliente Spell out your name.

Cliente Ask for a double room.
Recepcionista Lo siento, no hay.
Cliente Ask if they have got two singles.
Recepcionista Sí, la tres y la seis.
Cliente Say you'll take them.
Recepcionista Para cuántas noches?
Cliente Say it's for two nights, and give your name.

Cliente Ask if they have any rooms.
Recepcionista Sí, hay un doble solamente.
Cliente Ask if it has a bathroom.
Recepcionista Sí, señor(ita).
Cliente Ask how much it is per night.
Recepcionista Son seiscientas pesetas.
Cliente Ask if it looks onto the sea.
Recepcionista No, a la plaza.
Cliente Ask for the key.

Diálogo 4
Quejas
José Por favor, necesito una almohada.
Manuel Y, no hay toalla.
Recepcionista Bueno, lo siento. Es que tenemos una chica nueva, y a veces se olvida. Ahora mismo se lo traemos. Voy a llamarla.

Ana Oiga, por favor – en el número trece hay una luz que no funciona.
Recepcionista Voy a poner una bombilla nueva. Ahora mismo voy. ¿Hay algún problema más?
Ana No, no, todo está muy bien, gracias.
Recepcionista Como empieza a hacer un poquitín de frío por la noche, le voy a decir que hay mantas en el armario, por si las necesita.

Diálogo 5
Una llamada telefónica
Conchi Diga, por favor. Se puede llamar por teléfono aquí?
Recepcionista Claro – aquí mismo está el teléfono. Dígame el número. Lo voy a marcar ahora mismo, si usted quiere.
Conchi Es el 33-45-27 de Granada.
Recepcionista 33-45-27 . . . ya suena. Tenga, señorita.
Conchi Gracias. Hola, mamá. Soy yo, Conchita. ¿Qué tal? . . . Nosotros muy bien . . . Sí, pasamos tres noches en Málaga, y hemos estado también en Tarifa y Jerez y . . . Sí, Ana y José lo están pasando muy bien . . . Sí, vamos a visitar Córdoba pasado mañana . . . Bueno, sí, llegaremos el sábado por la tarde . . . Hasta luego . . . Dale un beso a papá. Adiós . . . Sí, sí, ¡adiós mamá . . . ! . . . ¿Cuánto le debo, señor?
Recepcionista Según el contador ciento cincuenta pesetas, pero, si quiere, lo puede pagar con la cuenta.
Conchi Vale. Gracias.

Vocabulario	
la almohada	pillow
la sábana	sheet
la toalla	towel
olvidarse	to forget
la luz	light
la bombilla	light-bulb
un poquitín	a bit
la manta	blanket
por si	in case
una llamada telefónica	telephone call
llamar por teléfono	to telephone
marcar	to dial
sonar	to ring (here – telephone)
pasarlo bien	to enjoy oneself
pasado mañana	the day after tomorrow
el beso	kiss
el contador	meter

F. Find the Spanish for:
1. I've got no pillow.
2. We need towels.
3. I'm sorry.
4. There's a light not working.
5. Everything is fine.
6. There are blankets in the wardrobe.
7. in case you need them
8. Can I 'phone from here?
9. I'll dial the number.
10. It's ringing.

G. Answer the following questions on Diálogo 5.
1. How long did Manuel, Conchi, José and Ana spend in Málaga?
2. Where else have they been?
3. Are Ana and José enjoying the trip?
4. When are they going to Córdoba?
5. When exactly will they get home?
6. What does Conchi say about her father?
7. What does she ask the receptionist?
8. How much does the 'phone call cost?
9. Does Conchi pay there and then?
10. When does Conchi pay for it?

I. How would you say the following? Here are some examples:
— *No funciona la luz.*
— *No funcionan los grifos.*
Now you try:

the lights the light the toilet the shower the taps the bath the telephone	don't doesn't	work

J. Spanish people give their 'phone numbers in pairs of figures: if there is an odd number, the first three are given in hundreds. With a classmate, take it in turns to say these numbers aloud:

43-56-47	754-35-62
56-79-86	678-42-49
42-39-18	753-65-78
56-44-71	692-47-83
67-84-35	981-56-41

Diálogo 6
La cuenta
Manolo   Hola. Nos vamos hoy. ¿Nos puede dar la cuenta?
Recepcionista   Sí. El trece y el doce, ¿verdad? Bueno, son cuatro mil pesetas más el teléfono . . . cuatro mil ciento cincuenta pesetas.
Conchi   Aquí tiene . . . Bueno, gracias y adiós.
Recepcionista   Adiós, y, ¡buen viaje!

H. How would you say the following? Here are a couple of examples:
— *No tengo jabón* (soap).
— *Necesito papel higiénico* (toilet-paper).
Over to you: some need *un* or *una.*

I have no	towels
	blankets
	sheets
I need	pillow
	toilet-paper
We need	light
	bed!
We have no	soap

K. Make up some hotel bills, adding the cost of items such as meals and 'phone calls. Use them to act out short situations like the one in Diálogo 6. When you've practised enough, write out the conversations for the bills below. Don't forget the totals!

habitación doble x tres noches	1,000 pesetas
teléfono	200 pesetas
dos cenas	860 pesetas

habitación individual x dos noches	600 pesetas
dos comidas	700 pesetas
aparcamiento	540 pesetas

| dos habitaciones de matrimonio x diez noches | 20,000 pesetas |
| teléfono | 450 pesetas |

15

¡No me siento muy bien!

Diálogo 1
Llegada
Conchi　Hola mamá.
Doña Rosa　Hola, ¿Qué tal estáis? Llegaréis muy cansados, ¿verdad? Vamos a cenar pronto. Hay sopa de fideos, tortilla, bistec con patatas y . . .
Manolo　Muy bien, mamá. Tengo mucha hambre.
Ana　Pues yo no me siento muy bien . . .
Doña Rosa　¿Qué te pasa, hijita?
Ana　No sé.
Doña Rosa　Vete al cuarto de estar y siéntate. Los chicos pueden subir las maletas.
Manolo　¡Gracias, mamá!

Diálogo 2
Un dolor de cabeza
Doña Rosa　Bueno, Anitín, ¿qué te pasa?
Ana　Es que me duele la cabeza y me duelen también los ojos.
Doña Rosa　¿Tienes dolor de estómago? ¿Y la garganta?
Ana　No, sólo la cabeza y los ojos.
Conchi　Oye, mamá, hoy hizo un calor tremendo en la carretera de Sevilla a Córdoba . . .
Doña Rosa　Pues, ahí lo tienes. A lo mejor por eso no te sientes muy bien. Te voy a dar unas aspirinas, y te vas a acostar temprano, ¿vale?
Ana　De acuerdo. Ya me siento un poco mejor.
Manuel　Vamos, señoras, tengo hambre. Quiero cenar . . .

Diálogo 3
Un dolor de estómago
Doña Rosa　Levantaos, chicos, ya son las nueve menos diez.
José　Ya voy, tía.
Manuel　Ay, no puedo levantarme. Tengo dolor de estómago.
José　Pues no me sorprende. ¡Será porque cenaste demasiado, glotón!
Manuel　Mamá, ¿qué pusiste en la sopa?
Doña Rosa　Hijo, no tiene nada que ver con la sopa.
Conchi　¿Qué te pasa Manolito?
Manuel　No te rías de mí. Me duele el estómago.
Conchi　Mamá, ayer compramos unos melocotones al lado de la carretera — Manuel, comiste uno sin lavar, ¿verdad?
Doña Rosa　Pues, claro. Será eso. Voy a llamar al médico.

Vocabulario

no me siento bien	I don't feel well
¿qué te pasa?	what's the matter?
me duele(n) ...	my ... hurt(s)
tengo dolor de ...	I've got a ... ache
la cabeza	head
los ojos	eyes
el estómago	stomach
la garganta	throat
las dientes	teeth
el brazo	arm
la pierna	leg
tengo la pierna rota	I've got a broken leg
tiene el brazo roto	he's got a broken arm
a lo mejor	probably
sorprender	to surprise
el glotón	glutton
no tiene nada que ver con ...	it's got nothing to do with ...
no te rías de mí	don't laugh at me
sin lavar	without washing
el médico	doctor

A. How would you say that you have these complaints? Use:
— *Me duele(n) ...* or
— *Tengo dolor de ...* or
— *Tengo ... roto(a)*
1 toothache
2 headache
3 stomach-ache
4 Your eyes hurt.
5 sore throat
6 Your leg hurts.
7 Your arm hurts.
8 You have a broken leg.
9 You have a broken arm.

B. Are you a good actor? Mime various ailments: the rest of the class have to work out what is wrong. They will have to use the *tú* form of each expression:

¿Tienes dolor de cabeza?

¿Te duele el estómago?

C. This time, you have to report to the teacher what is wrong with each of your sick classmates. Again, they may need to mime to remind you and to make sure the teacher gets the message ...

D. Rôle play.
Tú Say you don't feel well.
Tu madre ¿Qué te pasa?
Tú Say you have toothache.
Tu madre ¿Quieres ir al dentista?
Tú Say no, you feel better now, thank you.

Diálogo 4
El médico
Doña Rosa Hola Doctor. Manuel está en su dormitorio. Pase, pase.
Don Paco ¿Qué te pasa, Manuel?
Manuel Me duele mucho el estómago, y creo que tengo fiebre.
Doña Rosa Parece que ayer comió un melocotón sin lavar ... y podría ser eso, ¿verdad?
Don Paco Pues, es posible. Oye, Manuel, te voy a dar esta medicina. Tienes que tomar dos cucharadas cada tres horas. Doña Rosita, aquí tiene una receta — Manuel tiene que guardar cama hoy y mañana. Será mejor así. Se mejorará pronto.
Doña Rosa Pues, bien. Adiós y gracias.

Médico ¿Qué te pasa?
Tú Say you have stomach-ache.
Médico ¿Tienes dolor de cabeza?
Tú Say no, but your eyes hurt.
Médico ¿Qué comiste ayer?
Tú Say what you ate yesterday.
Médico ¿Lavaste la fruta?
Tú Say you ate it without washing it.
Médico Bueno, te voy a dar esta medicina.

Diálogo 5
En la farmacia
Don José   Hola, Doña Rosita. ¿En qué puedo servirle?
Doña Rosa   Tengo una receta para Manuel. Tiene dolor de estómago.
Don José   Pues, aquí tiene: tiene que tomar un comprimido cada cuatro horas. Son quinientas pesetas.
Doña Rosa   Aquí tiene. Adiós.
Don José   ¡Que se mejore pronto!

E. Find the Spanish for:
1. My stomach hurts a lot.
2. I think I've got a temperature.
3. two spoonfuls every three hours
4. He has to stay in bed.
5. He'll soon get better.
6. He's got stomach-ache.
7. one tablet every four hours
8. I hope he'll get better soon.

F. Here are some common illnesses. Imagine that you have each one in turn and say what symptoms you have; e.g.
Tengo un dolor de cabeza — me duele la cabeza.

la gripe	'flu
el catarro	cold (in the head)
el resfriado	cold (chill)
una insolación	sunstroke
me ha picado un mosquito	I've been bitten by a mosquito

Vocabulario

la fiebre	temperature
podría ser	it could be
la medicina	medicine
la cucharada	spoonful
la receta	prescription
cada tres horas	every three hours
guardar cama	to stay in bed
mejorar	to get better
el comprimido	pill

Adios

Diálogo 1
Preparativos para la despedida
Ana Bueno, tía, nos vamos mañana.
Doña Rosa Sí, qué pronto me parece. ¡Cómo pasa el tiempo!
Ana Sí . . . voy a hacer las maletas.
Doña Rosa ¿Te ayudo? Acabo de poner en el armario las cosas que lavé ayer.
Ana Muchas gracias, tía.
Doña Rosa Mañana os daré unos bocadillos y algo para beber en el tren . . .

Diálogo 2
Despedida
José Bueno, tía, ya nos vamos.
Doña Rosa Bueno, sí . . . ¿tenéis todo?
Ana Creo que sí. Pues, muchas gracias por todo, tía Rosita, y a ti también, tío Alberto. Lo hemos pasado muy bien.
Don Alberto Dadles muchos recuerdos a vuestros padres . . . ¡Digo a *sus* padres!
Doña Rosa Tal vez, el año que viene, iremos todos a visitaros a Colombia . . . y a aprender el sudamericano.
Conchi Pues, muy bien. ¡Qué buena idea!
José Bueno, adiós y gracias . . . ¡y hasta el año que viene!